O nó e o Laço

DESAFIOS DE UM RELACIONAMENTO AMOROSO

ALFREDO SIMONETTI

O nó e o Laço

DESAFIOS DE UM
RELACIONAMENTO AMOROSO

Integrare
EDITORA

Copyright © 2009 Alfredo Simonetti
Copyright © 2009 Integrare Editora e Livraria Ltda.

Publisher
Maurício Machado

Supervisora editorial
Luciana M. Tiba

Coordenação editorial
Miró Editorial

Edição de texto
Márcia Lígia Guidin

Revisão de provas
Daniela Braz
Adir de Lima

Projeto gráfico de capa e de miolo / Diagramação
Nobreart Comunicação

Dados internacionais de Catalogação na publicação (CIP)
(Câmara Brasileira do Livro, SP, Brasil)

Simonetti, Alfredo
    O nó e o laço / Alfredo Simonetti. — São Paulo :
Integrare Editora, 2009.

    Bibliografia.
    ISBN 978-85-99362-43-3

    1. Amor 2. Atitude – Mudança 3. Casamento
4. Comportamento afetivo 5. Felicidade
6. Homem-Mulher – Relacionamento I. Título

09-11473   CDD-158.2

Índices para catálogo sistemático:
1. Guia amoroso: Relacionamentos: Psicologia aplicada
158.2

Todos os direitos reservados à
INTEGRARE EDITORA E LIVRARIA LTDA.
Av. Nove de Julho, 5.519, conj. 22
CEP: 01407-200 — São Paulo – SP – Brasil
Tel: (55) (11) 3562-8590
Visite nosso site: www.integrareeditora.com.br

Para Eli

Mensagem do
Instituto *Viva a Vida*

Conta-se que dois amigos nadavam em um rio, quando viram uma criança se debatendo na água, lutando para não se afogar. Imediatamente ambos nadaram para alcançar a criança e mantê-la com a cabeça fora da água, de maneira que pudesse respirar.

Quando já estavam na margem, prontos para começarem os procedimentos de primeiros socorros na criança desfalecida, novos gritos vindos do rio os surpreenderam. Enquanto um dos rapazes continuava os procedimentos, o outro voltou imediatamente para a água. Alguns minutos depois, ele retornava, ofegante, para a margem, trazendo a outra criança.

Após checarem os sinais vitais dos dois meninos já salvos, os rapazes se encaminharam para o carro, a fim de levá-los a um hospital. Mas novos gritos, desta vez de duas meninas, os fizeram voltar. Sem tempo para questionamentos, um dos amigos sugeriu, enquanto corria, que cada um deles salvasse uma das meninas. Mas o outro, numa inspiração divina, disse: "Faça o que puder para salvar as duas... Eu vou dar a volta na margem e descobrir quem está jogando as crianças no rio".

O Instituto Beneficente Viva a Vida foi fundado há dezesseis anos, com a missão de abrigar crianças portadoras do vírus HIV. A crescente demanda de crianças não portadoras, mas igualmente carentes, igualmente herdeiras de um trágico *script* de vida, obrigou-nos a rever o nosso objetivo.

Hoje recebemos crianças e adolescentes, encaminhadas pela Vara da Infância e Juventude, portadoras ou não do vírus HIV, mas todas frutos de gravidezes indesejadas ou mal planejadas. Essas crianças foram "jogadas no rio", certamente por pais também sobreviventes de quase "afogamentos", participantes de uma cadeia de erros difíceis de serem interrompidos.

A parceria do Viva a Vida com a Integrare Editora e com Alfredo Simonetti, autor deste livro, é uma inspiração divina, um apelo aos casais, donos do poder de escolha entre "jogar ou não mais uma criança no rio". Afinal, no mundo das possibilidades, cada filho, desejado ou não, começa a existir, desde o primeiro olhar entre seus pais.

Nosso apelo, querido leitor, é muito maior do que a ajuda financeira que virá de cada exemplar vendido deste livro. Ela será bem-vinda, claro, e também é nossa missão salvar nossas crianças do "afogamento" em suas histórias de vida cruéis. E isso tem um custo. Mas nosso sonho maior está em *cada exemplar lido*. Ao ler, emprestar, indicar este livro, você estará, literalmente, ajudando-nos a salvar muitas vidas, pois estará colaborando para conscientizar os casais da importância de aprenderem a se relacionar bem, antes de pensarem em gerar filhos.

Rita de Cássia Alves
Coordenadora de captação de recursos

Para conhecer nosso trabalho visite-nos em
www.ibvivavida.org.br

Prefácio

O casamento é um dos temas mais ricos em bibliografia na terapia familiar. Não só porque o casal é a base da família, que hoje passa por inúmeras e frequentes transformações, mas também porque pode ser estudado sob diferentes aspectos: escolha do parceiro, diferentes contratos matrimoniais, vínculos conjugais, evolução no ciclo vital familiar, separação e muitos outros. De tal forma é abundante a bibliografia, que fica difícil para quem escreve sobre o assunto conseguir uma abordagem original, ainda não explorada.

Penso, porém, que Alfredo Simonetti não só conseguiu isso como o fez magistralmente, apresentando o casamento a partir de uma metáfora muito própria, que permite que o assunto seja abordado em toda sua complexidade.

Mas este livro tem outra peculiaridade. Os autores normalmente escolhem um público ao escrever, e o direcionam — por meio da linguagem que utilizam e do conteúdo do texto — a um grupo profissional ou leigo. Nosso autor não fez isto. Este livro é direcionado a todos os que pretendem ser, são ou foram casados, e que têm interesse em pensar sobre o assunto. Ou seja, a obra tem profundidade para ser lida por um profissional de terapia de família, mas o leitor comum se beneficiará (e muito) com o que vai aprender.

Alfredo diz que uma das fontes que o levou a escrever este livro foram seus alunos. Eu o conheci bem no papel de professor, durante as aulas que deu no curso de formação para terapeutas de família da UNIFESP/Psiquiatria, do qual eu era coordenadora. Conheço sua didática excepcional — de encantar os alunos. Por isso concordo que, realmente, suas aulas sejam a fonte de inspiração, donde se apreende um estilo coloquial, que encerra, entretanto, profundo conhecimento da psicologia da relação homem/mulher.

A metáfora do "nó" e do "laço" para expressar o casamento com seus vínculos e problemas, bem como a dos "porcos-espinhos" para falar da importância de estarmos juntos (embora a certa distância para não nos espetarmos!) são muito ricas e fazem do autor um garimpeiro de frases e histórias, que nos encantam e absorvem nossa atenção durante a leitura. Realmente ele brinca com as palavras e é capaz de dizer coisas muito simples com uma profundidade enorme, tal como: "O filho é da mãe. O pai é um cargo de confiança da mãe".

Quando chama a atenção para a dificuldade de as pessoas conversarem, para a arte da conversa e para a importância do silêncio, expressa um de seus mais lindos pensamentos: "A conversa é a linguagem do casamento e não do sexo, pois o sexo frequentemente requer silêncio". Da mesma forma, ao definir o "diálogo interno", como a forma de falar consigo mesmo enquanto o outro fala conosco — e isso nos impede de ouvir o que nos é dito —, revela conclusões brilhantes, que implicam uma observação muito perspicaz de si e do outro.

Aliás, essa é uma grande qualidade do autor, que se evidencia em todo o texto. Nesta obra encontramos todos esses momentos agradáveis, mas quando, além disso, entremeia o texto com poemas, casos clínicos e trechos de canções, temos um autor perfeito na arte de ser didata e agradável. Para mim, mais do que toda a sabedoria existente neste livro, o encantamento está no fato de Alfredo falar com o maior realismo possível sobre o casamento, mas conservar, do começo ao fim, respeitosa consideração com o viver a dois.

Ao escrever um prefácio, devemos motivar os leitores, contando o que há no livro sem tirar o prazer de o autor apresentar a sua criação. Assim, não me estendo, mas devo ainda dizer uma coisa: quando pensamos ter já recebido muito, somos novamente premiados, ao final do livro, com uma bibliografia comentada de maneira excelente.

Infiro que esta forma de ser, de escrever e de nos premiar de Alfredo Simonetti decorre de uma vivência íntima — como convém a um grande terapeuta — construída e reconstruída com a personagem principal desta obra: a PALAVRA.

Profª Dª. Maria Rita Seixas
Professora Doutora em Psicologia Clínica,
Presidente da Associação Paulista de Terapia Familiar - Unifesp

Sumário

Mensagem do Instituto Viva a Vida 06
Prefácio de Maria Rita Seixas 08
Introdução ao nó 15
   A ambivalência do nó no casamento 17
   Um nó muito especial 19
   Amar resolve? 21
   Nós e as palavras 22
   A conversa 25
   Meu trabalho por trás do livro 27

1. O amor nos tempos do nó 31
   E o abraço o que é, laço ou nó? 31
   Da paixão ao amor 33
   A separação adiada 35
   Os amantes mais bem-sucedidos do mundo 35
   Tipos de casamento 38
   Algo maior que eu 41
   Por que eu te amo? 44
   As neuroses se casam 45
   Eu te conheço: conheço? 47
   O desejo é sempre desejo de outra coisa 49
   Meu nome é multidão 52
   Amor de mãe 55
   O amor da deficiência 59
   O amor que salva: salva? 63
   Amor da deficiência é amor a crédito 67
   Ser inocente é uma desgraça 70
   A noite de amor perfeita 71
   O novo amor 74

2. Os meninos brincam, as meninas tramam 77
   O homem é simples, a mulher complexa 78
   Homem é tudo igual, a mulher é sempre diferente 81
   Homem e mulher: o rio e o mar 83
   Homem se realiza, mulher se relaciona 87
   O mistério feminino 88
   O homem e o mistério feminino 90

Homem é assim, mulher é assado, e daí?....................... 93
3. A magia das palavras.. 99
O amor é sempre a três: é ele, ela e a palavra............. 99
A língua dos homens..103
Um amor de palavras..106
Um povo apaixonado pela palavra...........................108
Teoria da comunicação entre dois 110
Pequena história da conversa..................................113
Às vezes a palavra é demais....................................122
Sem palavras..128

4. Desatando os nós 131
O tempo passou e vivemos dando nós: o que fazer?....131
O primeiro passo: reconhecer...................................133
Como desatar os nós 135
Luta e luto..137
Pra começo de conversa 139
Conversa com ou sem plateia?.................................141
O pacto da verdade 142
Receita para fazer um homem feliz 144
Receita para fazer uma mulher feliz.........................145
O certo da pessoa e o errado da situação..................146
Ceder para chegar ao laço..148
Diálogo interno...148
Hora certa e lugar certo 154
Como encerrar o assunto?..157
O que fazer quando não resta mais nada a fazer? 158

Posfácio...160

Bibliografia comentada 163

Bibliografia...166

*Baseado em fatos e
fantasias reais...*

Una-se

" *Una-se o que é completo e o que não é, o que concorda e o que discorda, o que está em harmonia e o que está em desacordo.*"

Heráclito

Introdução ao nó

O fio que tece o laço amoroso de encanto e paixão é o mesmo fio que se contorce em forma de nó nas fases difíceis do relacionamento. É fácil observar que todo relacionamento amoroso carrega em si a possibilidade de virar um nó, e que o casamento, então, tem uma forte tendência para transformar o lindo laço inicial em um nó.

Nó é o nome que damos às crises e as dificuldades naturais do casamento: desencontros, brigas, sentimento de não sermos amados, insatisfação, ciúme, tédio, falta de liberdade e de privacidade, questões sexuais ou de fidelidade, problemas financeiros, divisão do trabalho doméstico, problemas de convivência com as famílias etc. Meu objetivo neste livro é comentar a arte de desatar estes nós do casamento, ou de afrouxá-los, criando um laço novo, um novo amor.

Este não é, porém, um livro do tipo *Como ser feliz no casamento*. É muito mais um livro do tipo *O casamento é assim*, pois apresenta uma coletânea de ideias interessantes sobre o casamento — interessantes e úteis.

O que pude descobrir ao longo desses anos trabalhando como psiquiatra e psicanalista — com pessoas que se queixavam de algum sofrimento amoroso — foi que o conhecimento sobre como funciona o nó do casamento é capaz de aumentar enormemente a habilidade das pessoas para alcançar um casamento feliz. Entretanto, cada um fazia isso de um jeito singular, nunca encontrei uma grande verdade que servisse para todos indistintamente, nenhuma mesmo.

Acredito na felicidade, no casamento e na vida — desde que entendamos que a felicidade não é bem o que a nossa intuição nos diz. *Não ofereço uma receita de como ser feliz* pela simples razão de que a felicidade não é um bolo cujo modo de fazer está escrito; a felicidade é a sensação que você experimenta quando come o bolo, portanto passageira, fugaz, mas passível de ser repetida muitas e muitas vezes.

Vou tentar dizer isto de uma maneira mais poética: A felicidade é alguma coisa parecida com a música produzida por um instrumento musical; ela é um resultado, uma consequência, não é "uma coisa" em si, um objeto que possa ser possuído. Não faz nenhum sentido você sair correndo pela vida afora atrás do som, perseguindo-o, querendo possuí-lo. É muito mais prático você procurar construir artesanalmente um instrumento (no caso, o relacionamento amoroso em um casamento) que seja capaz de, quando tocado do jeito certo, produzir momentos de felicidade.

O primeiro passo nessa arte é entender que o nó não acontece por falta de amor ou porque as pessoas são neuróticas, acontece porque esse movimento em direção ao nó é da própria natureza do laço amoroso — bem como é da natureza de qualquer relacionamento humano.

É que, com o passar do tempo e por certas razões que veremos ao longo deste livro, o laço de amor, tesão e paixão do começo vai se estreitando, apertando, até se transformar em um nó que prende, sufoca, irrita, frustra, confunde, e acaba afastando as duas pessoas que eram tão próximas.

Introdução ao nó

Um nó que não une, mas afasta — é este o paradoxo no qual pode se transformar um casamento.

E quando o nó está feito vem aquela vontade danada de simplesmente cortar a linha e ir embora, mas essa é uma solução apressada e ingênua, porque quando ela efetivamente acontece, e as pessoas se separam, as duas linhas soltas pelo mundo não tardam a se enlaçar novamente, seja com a mesma linha antiga ou com uma linha nova... e tudo recomeça.

Ao que parece, a vida amorosa não admite soluções tão simples assim, é como se existisse no ser humano uma irresistível tendência a criar nós. É claro que existem casamentos nos quais o nó não surge, mas esses relacionamentos, verdadeiras epifanias amorosas, são tão raros, acontecem com tão poucas pessoas que nem servem de assunto para um estudo como este.

Na vida normal, um casamento feliz não é um casamento sem nós, mas um casamento onde as pessoas aprenderam a afrouxar os nós. Ou seja, nem todos os casamentos viram um nó, apenas os casamentos _normais_.

Que o leitor faça o teste: observe à sua volta, pense nos casamentos que conhece e perceba se não existe, em cada um deles, ao menos um pequenino nó.

A ambivalência do nó no casamento

Como já disse ao leitor, o casamento é a união de duas pessoas através de um fio que assume a forma de laço no início, depois pode se transformar em nó, voltar novamente a laço para, mais uma vez, virar nó, e assim sucessivamente — numa longa alternância que parece não ter fim.

É que nó e laço não são duas coisas diferentes, são apenas momentos diferentes de uma mesma coisa chamada casamento.

Considerando que o laço é um nó folgado, e que o nó é um laço apertado, a distinção entre eles não pode ser mesmo muito rigorosa. O casamento é mais uma questão de laço e nó do que laço ou nó. Na verdade, o casamento é uma história de laços, nós, e muitos outros estágios intermediários que nem nome têm.

A palavra nó serve bem para demonstrar esta ambivalência intrínseca a qualquer casamento, já que pode ter uma conotação negativa (quando se refere àquilo que prende) mas também faz lembrar, quando escrita no plural (nós), algo de muito positivo, ou seja, o encontro entre o eu e do tu.

Além disso, olhando para qualquer lado, damos de cara com a questão dos nós. O nó não é uma característica do casamento em si, mas sim uma característica do relacionamento humano. Sempre que uma pessoa se relaciona de modo significativo com outra os nós aparecem, não tem jeito. Se dizemos que o casamento é como um nó, é porque este é o tema em questão, mas bem poderíamos generalizar e dizer que a relação humana é um nó, seja ela qual for.

Dizem que a vida é simples, a gente é que complica. É verdade, mas pense bem, você conhece alguém que não complica? Eu não conheço. De perto, parafraseando o poeta, todo mundo é normal e dá nó em "pingo d'água".

No casamento é mesmo só uma questão de tempo: mais cedo ou mais tarde, um dos dois começa a complicar as coisas com suas inseguranças, com seus desejos, com suas expectativas, ou seja, começa a dar nó em "pingo d'água". *E isto é normal, não é neurose.*

Um nó muito especial

O casamento não é um nó qualquer, ao contrário é um nó bastante *ousado*, já que tenta unir o masculino e o feminino, que como já sabemos, são bastante diferentes. Evidentemente os homens e as mulheres são iguais no campo social e político e devem ter os mesmos direitos e oportunidades, mas, de fato, são muito diferentes nos outros campos: pensam, sentem, falam, agem, amam, gozam e sofrem de maneira bem diferentes. E são essas diferenças que, na maioria dos casos, fazem o laço virar nó.

Este tema sobre as diferenças entre o masculino e o feminino vem ganhando bastante destaque hoje. Impulsionados pelas descobertas cientificas acerca das especificidades do corpo feminino — não apenas no aparelho reprodutor mas também no cérebro e em outros sistemas corporais — estamos descobrindo o que a tradição psicanalítica diz há mais de um século: *a mulher é diferente, e diferente num sentido positivo.*

O feminino, com tudo o que carrega de misterioso, de inacessível, de singular e de insatisfação é, talvez, a força propulsora de desenvolvimento cultural mais intensa.

Se fosse apenas pelo masculino, com sua objetividade e praticidade, provavelmente ainda estaríamos no tempo das cavernas comendo, bebendo, transando, dormindo e competindo; apenas sobrevivendo, enfim. É o feminino que verdadeiramente faz avançar a cultura humana. Diz a psicanálise que no feminino a sensação de que "falta alguma coisa" é bem mais evidente. E não estamos nos referindo à ausência de pênis no corpo feminino.

É muito mais que isso: trata-se daquela sensação, que todo ser humano conhece, de que a felicidade é sempre parcial. Por mais que você lute, conquiste, vença e consiga o que você deseja, quando a felicidade chega, é sempre fugaz, passageira, nunca é completa. Está sempre faltando alguma coisa — *e isso é normal, não é neurose*; a natureza humana é assim, para o bem e para o mal.

O radicalismo do parágrafo anterior é apenas um recurso para sinalizar um elogio ao feminino. É claro que nos homens também está presente essa marca de nossa humanidade: somos *seres faltantes*, sempre algo nos escapa, algo que desejamos e, ao mesmo tempo, desconhecemos. Mas sem dúvida é na mulher que isso é mais evidente.

A psicanálise começou a existir cem anos atrás, perguntando-se "o que quer uma mulher?"[1]. Os primeiros pacientes de Freud, em sua maioria, eram mulheres, e foi a partir da análise dessas pacientes que foi ficando claro

---

[1] ANDRÉ, Serge. *O que quer uma mulher?* Rio de Janeiro : Zahar, 1998.

para Freud que a neurose tinha a ver com os desejos. O problema era que tais desejos não eram claros, e em especial nas mulheres.

Hoje, depois de milhares de livros publicados e milhares de horas de análises realizadas, continuamos a nos perguntar: "mas o que quer mesmo uma mulher?". E o pior é que não adianta perguntar isso para elas, as mulheres: elas também não sabem a resposta, também continuam se perguntando...

Vale dizer, também, que, além se fazer esta pergunta, a psicanálise também vem propondo uma outra questão: "O que tanto o homem quer saber sobre o que quer uma mulher?".

Amar resolve?

Então, se o casamento é mesmo feito de nós, quem é que vai desatá-los? *O amor, é claro!* – gostaríamos de responder rápido, mas, infelizmente, não é assim. O amor não desata nada, sua tendência natural é, ao contrário, unir, reunir, ligar, atrair, e isto tanto no bom como no mau sentido. Eros é uma força de ligação, de união, não de libertação.

Na mitologia grega, Eros é considerado o deus do amor, mas também deveria ser considerado o deus do nó, dada a sua tendência ao estabelecimento de ligações, de laços que podem se apertar. É por amor que queremos viver bem junto de alguém, queremos fazer carinho, cuidar, dar prazer etc.

O nó e o laço

Mas também, quantas bobagens e maldades fazemos em nome do amor? É por amor que queremos possuir, controlar e dominar o objeto amado. Por amor ou pelo que parece ser amor, até se mata.

Então não é o amor que nos salvará do nó, haverá de ser outra coisa, já que, como diz Djavan, "O amor é um grande laço, é um passo para uma armadilha".[2]

Mas este é um livro esperançoso, está baseado na ideia de que existe mesmo alguma coisa capaz de afrouxar o nó e fazer com que ele recupere sua beleza de laço.

Esta coisa é a *palavra*, a *conversa*, e nenhuma outra coisa, até onde sabemos. Por isso, digo que este livro é sobre o uso da palavra em forma de *conversa amorosa*, como forma de lidar com os nós do casamento e de outros relacionamentos que, apesar do amor, evoluem de seu estado inicial de laço para um estado de nó.

É exatamente porque o amor não basta que precisamos tanto das palavras no casamento.

Nós e as palavras

Insisto em lembrar: o amor é sempre maravilhoso, mas não é suficiente. No casamento, o amor põe o time em campo, mas não garante o resultado. Sem ele, é claro, não há jogo, ou o jogo é sem graça. Com ele, o amor, consegui-

---

[2] Faltando um pedaço, *Seduzir*, 1981.

Introdução ao nó

mos apenas o direito de jogar a partida, o resultado vai depender de muitas outras coisas.

O jogo do casamento não é apenas jogo de amor, é jogo sexual, jogo financeiro, jogo familiar, jogo de poder, jogo psicológico, jogo social, e em todos eles a palavra é "aquele" jogador que faz a diferença. Existe uma certa força nas palavras, uma espécie de "magia atenuada" que faz com que elas se transformem em boas desatadoras de nós.

Como o amor não é capaz de anular as diferenças entre homem e mulher, sobra mesmo para a palavra a tarefa de contorná-las, favorecendo a vida a dois. Ou seja, *a conversa também não anula as diferenças, mas nos permite ir além delas — juntos*.

A palavra não é apenas um instrumento a serviço dos humanos, é ela que o caracteriza como ser humano: somos seres feitos de "carne-e-palavra", e estejamos ou não conscientes disto, é ela que verdadeiramente nos humaniza e forma os nossos laços afetivos. Sem a palavra, em nada nos distinguiríamos dos animais.

Além do mais, de que nos serve sermos amados se não nos dizem, com palavras, "*eu te amo*"?

Uma das teses defendidas neste livro é a de que não basta amar, é preciso falar.

Mas não é qualquer palavra que serve para a tarefa de desatar os nós. A palavra pode ser monólogo, pregação, aula, debate, bate-boca, solilóquio, reunião, narração, enganação, confissão, argumentação, discurso, comunicado, sedução, xingamento, enunciação, análise, revelação, verso e prosa. Pode ser tudo isso, e mesmo assim não ser capaz de desatar os nós.

O nó e o laço

Ao que parece, é somente a palavra que vai e vem entre duas pessoas que se amam, assumindo a forma de uma conversa, que possui aquela magia necessária à arte de desatar nós.

Conversa Amorosa é, assim, a livre circulação da palavra entre dois parceiros, e pode ser de dois tipos: a romântica e a problemática.

A conversa amorosa romântica é aquela que acontece nos momentos de paixão, quando a palavra escorre feito mel, unindo e acariciando os amantes; ou na sedução, quando a palavra flutua suavemente como um perfume, produzindo um efeito de encantamento no outro.

A conversa amorosa problemática é mais conhecida como "discutir a relação": ocorre em torno das dificuldades do relacionamento, dos nós, e, por sua vez, também pode ser de dois tipos: a *briga*, quando a palavra ricocheteia velozmente feito bala ferina, e o *diálogo*, quando a palavra vai e vem, mas com um certo silêncio no meio que permite que as pessoas escutem o que o outra está dizendo.

Na briga, ou bate-boca, a palavra também vai e vem, mas tem um detalhe: tudo acontece ao mesmo tempo, os dois falam e ninguém escuta coisa nenhuma. Quando alguém nos responde antes que tenhamos terminado a pergunta, isso significa que não levou em conta o que falamos: a resposta já estava pronta antes de a pergunta ser formulada — e isso não é diálogo.

Na briga só existe o falar; no diálogo, existe o falar e o escutar; ele pressupõe um certo ritmo, um tanto de silêncio e calma, que são imprescindíveis como forma de elaboração da comunicação.

Introdução ao nó

A conversa

Este livro, então, versa sobre a conversa amorosa, o diálogo e a briga — mais o primeiro que a segunda, porém inclui um pouco dos dois. Porque pior que briga, só o silêncio da indiferença.

No campo do casamento, parece que não há muito jeito, ou o casal discute minimamente *a* relação, ou vai acabar discutindo intensamente *na* relação. Quem olha de fora e vê um casal discutindo irritada e raivosamente sobre pequenas bobagens, sobre assuntos sem importância não vê — e o casal na maioria das vezes também não vê — que o sofrimento é outro.

Geralmente há algum tema ou algum sentimento que foi evitado, ou que não foi resolvido, que não foi dito, mas que insiste em retornar por outros caminhos. Não é assim mesmo que acontece no dia a dia do casamento? Pense na última discussão que você e seu cônjuge tiveram, veja se foi mesmo em torno do verdadeiro problema, será que foi? Ou foi apenas uma maneira momentânea de descarregar a irritação? O que você acha?

É preciso esclarecer, desde já, um equivoco muito comum sobre essa questão de *conversa amorosa*. Engana-se quem pensa que "discutir a relação" serve para resolver problemas. Não é nada disso, resolver problemas é motivo para reuniões — e olhe lá. Não se discute a relação para trocar informação ou resolver problemas (os problemas são só o pretexto). Discute-se a relação para criar um sentimento de ligação, para se sentir ouvido, sentir-se amado, pedir garantias, desfazer e às vezes fazer fantasias, e coisas assim. Discutir a relação não é uma transação cognitiva, é uma transação afetiva, uma espécie de relação sexual não corporal, não no sentido do prazer evidentemente, mas no sentido da intimidade, do envolvimento, do enlaçamento.

> *Certa vez um paciente me disse que agora, depois de anos de casamento, ele estava aprendendo a conversar com sua mulher, e explicou: "Agora eu consigo escutar o que ela tem para dizer sem querer ficar resolvendo tudo". É essa a arte da conversa amorosa.*

Existem pessoas e casais que conseguem afrouxar o nó em silêncio, mas estes são alguns poucos sortudos, já que a maioria de nós tem mesmo de recorrer à palavra, esse instrumento tão frágil e tão confuso. Acontece que não é uma coisa simples este negócio de falar-no-amor, algumas pessoas não gostam, e não querem nem saber da história de discutir a relação, outras não sabem como fazer isso, enquanto outras têm muita ilusão, e outras ainda parecem que só sabem fazer isso.

Por causa dessas dificuldades, e numa tentativa de transformar "a briga" em "um diálogo" este livro apresenta algumas ideias sobre como começar uma conversa, onde pode ser melhor conversar, quando conversar e quando adiar; e também sobre o que conversar e se convém ou não evitar algum tema, e finalmente sobre como terminar um conversa, se é que existe tal coisa em um casamento. Embora estas ideias também possam ser utilizadas no

Introdução ao nó

relacionamento com filhos, com amigos e na vida profissional, vamos manter o foco nas relações amorosas, que é o propósito do livro.

Meu trabalho por trás do livro

É importante deixar clara a fonte, a origem das estratégias e das ideias contidas neste livro. Minha prática profissional como psiquiatra e psicanalista concedeu-me a oportunidade e o privilégio de acompanhar agruras e desavenças da vida amorosa, mas também momentos de felicidade e superação conforme iam surgindo na vida dos tantos pacientes que se propuseram, corajosamente, a compartilhá-los comigo no dia a dia da análise e das consultas.

Ao longo dos anos, no meu trabalho de escutar pessoas falando de seu sofrimento e de seus problemas, pude confirmar a ideia de que as pessoas só têm mesmo três problemas na vida; problemas amorosos, problemas profissionais-financeiros e problemas existenciais. Esta é a boa notícia; a má notícia seria que esses problemas são tão pervasivos, que acabam invadindo toda a vida da pessoa.

Geralmente quem procura psicoterapia ou tratamento psiquiátrico por causa de seus problemas amorosos o faz por dois motivos: o amor acabou e a pessoa, perplexa ou entediada, não consegue encontrar uma maneira de lidar com isto, seja pela reconstrução da relação ou pela separação; ou então, o que é muito mais frequente em quem vai para a análise: o amor continua existindo, mas a relação virou um grande nó de desentendimentos, de mágoas e de frustrações.

Em ambos os casos, fui testemunha de como a *conversa amorosa* pode ajudar a desatar ou afrouxar os nós. Dessa atividade terapêutica foram nascendo as ideias que agora se estruturam de forma mais precisa neste livro.

Se a atividade terapêutica forneceu a matéria-prima para esta conversa com o leitor, foi o estudo da psicanálise, da psicologia e da psiquiatria que forneceu os instrumentos para o entendimento do que se passa neste nó chamado casamento. A teoria e a prática são como as duas asas de um pássaro: necessárias, as duas.

Introdução ao nó

RELEMBRANDO

Introdução ao nó

1. Nó é o nome que damos às crises e às dificuldades naturais do casamento.
2. Todo relacionamento amoroso carrega em si a possibilidade de virar um nó.
3. O casamento é um nó ousado, que une o masculino e o feminino, tão diferentes entre si. É a arte de transformar os nós do casamento em laços amorosos.
4. O amor é sempre maravilhoso, mas não é suficiente por si.
5. É exatamente porque o amor não basta que precisamos tanto da palavra.
6. A palavra tem um certa magia atenuada que a faz um boa desatadora de nós.
7. A conversa amorosa é a livre circulação da palavra entre dois parceiros.
8. Ou o casal discute minimamente "a relação" ou vai discutir intensamente "na relação".

O nó

*Tem gente que é uma boa companhia
para o ócio,
essas pessoas são as interessantes.*

*Tem gente que é uma boa companhia
para o cio,
essas pessoas são as belas.*

*Tem gente que é uma boa companhia
para o ócio e o cio,
essas pessoas são as imprescindíveis,
e com elas os nós são inevitáveis.*

O amor nos tempos do nó

[...]
Se nós, nas travessuras das noites eternas
já confundimos tanto as nossas pernas
diz com que pernas eu devo seguir.

Como, se na desordem do armário embutido
meu paletó enlaça o seu vestido
e o meu sapato inda pisa no teu.
[...]

Chico Buarque e Tom Jobim, 1980

E o abraço o que é, laço ou nó?

No início são apenas duas linhas solitárias, enroladas sobre si mesmas, até que se avistam descobrindo o tempo do encantamento. A seguir vem o encontro, um tempo de delicadezas ou de intensidades depende e, então, acontece a paixão, verdadeira atração pelo abismo, é o tempo do mergulho de um no outro, de forma tão completa que parece existir apenas um. E aí, depois de um tempo caminhando juntos, de mãos dadas pela vida afora, as linhas das mãos, que antes eram puro laço, começam a se entrelaçar virando um nó.

E com o passar do tempo, e por certas razões, acontece um pequeno afastamento. É o tempo da crise, que acaba se resolvendo com a percepção de que o afastamento é apenas para o acerto do laço e do nó, é o tempo do amor.

Se quase tudo na vida é pulsação, inspiração e expiração; sístole e diástole; encontro e recolhimento, sono e vigília, movimento e repouso, sol e lua, dia e noite, por que a vida amorosa haveria de ser diferente?

O nó também pulsa, é móvel, vaivém, aperta e afrouxa ao sabor de muitas variáveis. A regulagem do nó é uma espécie de dança, tem movimentos de contato e movimentos de afastamento calculado, e é somente quando essa dança sutil perde o ritmo, e as pessoas se fixam em um dos polos, congelados, que os grandes problemas começam: solidão, simbiose, dependência, medo do encontro, medo da rejeição, ciúme, possessividade e por aí em diante.

Olhando o gráfico, podemos perceber que a paixão é da ordem da fusão, enquanto o amor é intersecção; quer dizer, para o amor é preciso um pouco de individualidade, coisa que a paixão parece dispensar.

Segundo Sêneca, filósofo romano da escola dos estoicos, devemos aprender a misturar (e a alternar) a solidão e o encontro. Ela nos dá o desejo do convívio social, e ele, o desejo de nós mesmos. *Uma será o remédio da outra.* A solidão cura nossa aversão à multidão, e o encontro cura nosso tédio da solidão.

Da paixão ao amor

A passagem da paixão ao amor é da ordem do tropeço: é sempre desconcertante descobrir que as coisas mudaram. Por mais que se saiba que isso costuma acontecer na maioria dos relacionamentos, quando as coisas esfriam um pouco ou se tornam muito complicadas, os amantes se surpreendem: "Hum? Como assim? O que é que aconteceu com a gente?". Este é um momento importante, é um momento de decisão.

Pode ser um ponto final, ou então um ponto de mutação. Às vezes a relação termina aí, mas, muitas vezes, é exatamente nessa hora que acontece uma transformação, uma mudança para outro tipo de relacionamento.

As coisas podem não ser mais como antes, mas cada instante tem seus encantos, e cabe aos amantes ir além dos desencantos do fim da paixão e descobrir as trilhas do novo amor.

O amor pode não ser paixão, mas tem a ver com ela, não é a ausência dela: existem no amor momentos de paixão, só que mais calma e mais duradoura.

Paixão, por definição, é sentimento em ápice, é como uma montanha, vai subindo, subindo até um pico lá no alto, e depois vai descendo, descendo, e finda. Um gráfico da paixão é agudo, intenso, mas também é breve e com final certo: termina. Por outro lado, o gráfico do amor lembra mais uma cordilheira, uma cadeia de montanhas entremeadas de vales, planícies e platôs, é longo, flutuante e de final aberto: não é tão certo o que vai acontecer.

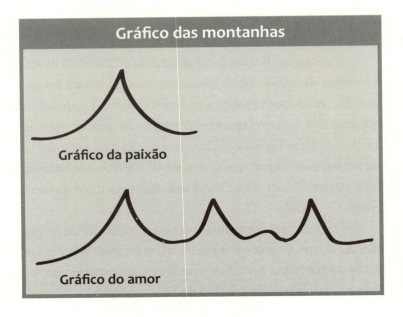

A separação adiada

Dizem que todo casamento é uma separação adiada. Pode ser mesmo, mas, então, novamente cabe aos amantes fazer desse adiamento algo longo, com muito carinho, prazer e divertimento.

E sempre resta a possibilidade inventada por Vinicius de Moraes ao escrever *"que seja infinito enquanto dure"*.[3]

E o verso não se aplica apenas às questões do amor. Embora saibamos que a morte é inevitável, não é possível viver bem se ficarmos pensando a todo instante que a vida é uma morte adiada. Como escreveu tão bem outro mestre da poesia, Fernando Pessoa: "Melhor é a vida que dura sem medir-se".[4]

Não é preciso medir nem a vida nem o casamento, deve-se ir vivendo.

Os amantes mais bem-sucedidos do mundo

Se o casamento tem mesmo essa tendência pra virar um nó, deveríamos nos perguntar: então, por que é que nos casamos? Por que não continuamos como namorados pela vida afora?

[3] *Soneto da Fidelidade,* de Vinicius de Morais.
[4] *Odes*, de Ricardo Reis (Fernando Pessoa).

O *nó e o laço*

Os amantes mais bem-sucedidos do mundo são aqueles que nunca se encontram, disse o mestre indiano Osho, argumentando que é a distância que orna as histórias mais belas e românticas. Elas não têm disputa nem censura ou briga,

e desta maneira os amantes nunca chegam a descobrir que esta não é a mulher feita para mim, e eu não sou o homem feito para esta mulher. Eles nunca se aproximam o suficiente para saberem disso.[5]

Entretanto, a maioria dos amantes acaba se aproximando, casando-se, criando laço e o nó. Por quê?

Os antropólogos e os sociólogos já argumentaram que construir casas e criar filhos é uma tarefa tão trabalhosa que geralmente nos saímos melhor em dueto. Porém, tal ideia não explica tudo, devem existir muitas outras razões pelas quais um homem e uma mulher decidem casar-se.

Sobre o tema da necessidade de convivência com o outro, o filósofo alemão Schopenhauer disse certa vez, numa pequena fábula, que os seres humanos são como os porcos-espinhos que, quando sozinhos morrem de frio, aí buscam ficar "juntinho" de outro. Mas, passado algum tempo no "calorzinho gostoso", começam a ficar inquietos e acabam espetando-se. Então se afastam, apenas para recomeçarem tudo novamente Eis a fábula:

---

[5] OSHO. *Mais pepitas de ouro*. São Paulo: Gente, 1995.

Num dia frio de inverno, uma vara de porcos-espinhos se uniu em um grupo cerrado para se proteger mutuamente do congelamento com seu próprio calor. Mas logo sentiram os seus espinhos, o que os afastou de novo uns dos outros. Porém, a necessidade de aquecimento novamente os aproximou e aquele incômodo se repetiu, de modo que eram atirados de um lado para outro, entre estes dois sofrimentos, até que encontraram uma meia distância, na qual puderam suportar-se da melhor maneira possível. Por conta dessa distância, a necessidade de aquecimento era apenas parcialmente satisfeita, mas em compensação a picada do espinho não era sentida.[6]

Schopenhauer está certo, somos assim mesmo, não conseguimos viver sozinhos, e mal sabemos viver juntos. É por isto que vivemos este dilema do laço e nó no casamento. É o mal-estar na civilização, como diria Freud, ou o mal-estar no casamento, como dizem alguns psicanalistas atuais, ou é o nó, como dizemos aqui, que precisa ser administrado. Mas como?

Esta meia distância de que fala a fábula não é uma situação fácil de ser conseguida. O casamento, por exemplo, parece ser um arranjo insatisfatório, já que quase todo mundo reclama dele. Dizem até que "essa história de amor costuma acabar mal, em morte ou casamento".

---

[6] SCHOPENHAUER. *A arte de escrever*. Porto Alegre: L&PM, 2005.

O casamento traz um nó, é incômodo, é sufocante, é problemático e tudo o mais; entretanto, o fato é que os homens e as mulheres ainda não encontraram uma forma alternativa de relacionamento amoroso que seja mais satisfatória.

Ocorre que, nos tempos modernos, o casamento tradicional, com sua rígida definição de papéis para o homem e para a mulher, tem sido constante e sistematicamente questionado, e isso abriu espaço para a busca de outras formas de *emparceiramento* que satisfaçam melhor os anseios de amor, aconchego, segurança e ao mesmo tempo de liberdade, de aventura e de sexo livre.

Tipos de casamentos

Uma primeira tentativa de acertar foi o *amor livre*, no qual não haveria compromisso algum entre os parceiros. Esse jeito de se relacionar mostrou-se bastante satisfatório entre as pessoas mais jovens. Entretanto, quando a maturidade chegava, acompanhada de seus inevitáveis problemas relacionados à criação dos filhos e a questões financeiras, as coisas não andaram muito bem... e isso sem se tocar nos desafios e frustrações afetivas que tal modelo trouxe para a subjetividade das pessoas.

Então veio o *casamento aberto*, no qual cada parceiro autoriza, e às vezes supervisiona, o outro em suas andanças extraconjugais. Na prática, este caminho tem-se mostrado bastante plausível; o problema é que ele exige parceiros confiáveis, amadurecidos e (relativamente) bem resolvidos, o que o torna disponível apenas para alguns.

Este casamento não é para quem quer, é para quem pode. A traição é mais fácil do que o casamento aberto. É que ele implica riscos e cobra um preço alto em termos de franqueza, de conversas difíceis, de enfrentamento dos sentimentos, enquanto a traição, embora cobre preços talvez ainda mais caros, fundamenta-se na negação e tem sempre a possibilidade de não ser descoberta. O casamento aberto é um caminho trabalhoso em termos de subjetividade, por isto não se generalizou a ponto de efetivamente ameaçar o tradicional casamento como instituição hegemônica. Além disso, o casamento aberto também tem seus nós, que igualmente precisam ser desatados e afrouxados. Veja que continuamos no campo dos nós.

Depois foi a vez do *swing*, ou da troca de casais, no qual os dois parceiros juntos se permitem liberdades sexuais na presença um cônjuge do outro. Neste caso, estamos diante de uma prática sexual alternativa e não de uma forma alternativa de emparceiramento amoroso. O *swing* é igualmente repleto de nós.

Nesta categoria também podemos incluir o *sexo virtual* pela internet, mas este talvez precisemos estudar mais para entender aonde ele pode nos levar em termos de consequências para o casamento.

Os relacionamentos estão mudando, mas continuam difíceis. Nos últimos tempos, tem crescido o casamento de duas casas. Embora a palavra casal lembre a palavra "casa", esta deixou de ser um elemento definidor do casamento.

Algumas pessoas optam por viver em casas separadas, cada um na sua, no mais estão juntos: legalmente, socialmente, financeiramente, afetiva e sexualmente, inclusive familiarmente. Esta maneira de se relacionar tem alcançado relativo sucesso, especialmente entre casais jovens, sem filhos, e casais mais maduros com filhos já crescidos.

Quando perguntei a uma paciente se seus pais eram casados, ela demorou um pouco para responder:

É, acho que são...Quer dizer, não sei bem, eles moram em casas separadas, mas se consideram casados, são fiéis sexualmente, dormem juntos alguns dias da semana, em casas alternadas e se apresentam como marido e mulher. Eles moraram na mesma casa durante uns vinte e cinco anos, aí meu pai resolveu que queria ter o canto dele, mas não queria se separar da minha mãe. Ele é uma pessoa muito difícil de se conviver, é muito metódico, chega a ser chato. Eu acho que minha mãe estranhou um pouco essa situação no começo, ficou insegura, mas hoje está tudo bem, eles se entendem assim, e está tudo em paz.

A paciente parou de falar, ficou um pouco pensativa e depois completou:

Tudo bem que eles vivam assim, mas eu não quero isto para mim, não. Eu quero viver junto com meu marido, na mesma casa. Você acha estranho que eu queira isto?

Claro que não é estranho; afinal este negócio de "cada um na sua" não significa cada um na sua casa, mas cada um na sua maneira de viver.

As formas de relacionamento que comentamos há pouco são apenas pontos extremos de um universo de possibilidades de relacionamento amoroso — de maneira que sempre existe para cada casal, em particular, a alternativa de inventar uma forma singular de relacionamento que escape aos pontos extremos, e que possa, entretanto, incluir alguns elementos de cada um deles.

Um casamento para cada casal! Talvez seja esta uma alternativa viável em nosso mundo atual. Relembrando a metáfora que dirige este livro, a do nó, diríamos que cada casal vai *afrouxar* ou apertar o nó da maneira que quiser (ou que puder) na busca do seu laço amoroso.

Algo maior que eu

Por que, apesar de tanta informação disponível sobre como se relacionar, sobre como criar filhos, como amar, como ter sucesso, como ganhar dinheiro etc., as pessoas continuam se envolvendo em grandes dificuldades em todos esses campos?

É muita ingenuidade achar que o que comanda a vida de uma pessoa é apenas o seu lado racional, e que os problemas acontecem porque as pessoas são desinformadas. O dia a dia demonstra que, apesar de saber o jeito certo de fazer as coisas, as pessoas continuam enredadas em seus relacionamentos complicados — o que demonstra a existência de outras forças a direcionar suas vidas.

Tentando explicar por que repetidamente se metia nas mesmas encrencas, um paciente me disse: "Para além do que eu sei racionalmente, existe em mim algo maior que eu, que me comanda". Pois é, a psicanálise chama esse algo de inconsciente.

E o que é o inconsciente? Aqui é necessária uma pequena explicação para evitar um equivoco bastante comum de se pensar que inconsciente é tudo o que está fora da consciência. Não é bem assim.

Por exemplo: existe uma coisa da qual você não está consciente neste momento, mas, ao ler as próximas palavras deste texto você se tornará ciente. Então: Qual é o nome da rua onde você mora?

Há alguns instantes esta informação estava fora do foco de sua consciência, estaria inconsciente? Não. Não é desse tipo de inconsciente (que facilmente vira consciente) que fala a psicanálise.

O inconsciente é aquilo que verdadeiramente comanda nossas escolhas pela vida afora. É um conjunto de ideias e de sentimentos, que, além de estarem fora do foco de nossas consciências, têm a característica de serem fortemente reprimidos. Ocorre que não podemos aceitá-los como nossos, pois podem ser contrários à nossa moral, e mesmo à nossa autoimagem. Se nos dizem que temos este ou aquele sentimento, negamos veementemente, podemos até mesmo ficar irritados se insistirem.

Por exemplo, quase todo mundo já sonhou alguma vez na vida com a morte de um ente querido. A interpretação popular sugere que tal sonho é um sinal de que a pessoa vai ter vida longa. Mas existe uma tese freudiana sobre isso. Ocorre, porém, que é muito, muito difícil mesmo, aceitar a tese freudiana de que tais sonhos poderiam significar que a pessoa que sonhou pode ter desejado, em algum momento, que o ente querido morresse.

O que você acha, leitor, da ideia de que, em algum recanto escondido dentro de você, existe o desejo de que seu filho, ou sua mãe, morra? Simplesmente inaceitável, não é? Pois bem, é esse tipo de ideias que estão no inconsciente.

A vaidade humana sofreu três grandes golpes ao longo da história. Primeiro o homem achava que vivia no centro do Universo, mas Galileu demonstrou que não; que, na verdade, estamos bem na periferia, em algum canto do sistema solar. Depois veio Darwin e argumentou que o homem não é descendente de Deus, mas que faz parte da longa luta evolucionária como todos os outros animais. E mais: o homem descende dos macacos (e não de Deus). Por último, apareceu Freud com a noção incômoda de que a razão do homem não é o que comanda sua vida, que o homem (apesar de toda sua vaidade) não manda nele mesmo, não controla seus sentimentos, e, ao que tudo indica, é direcionado pelo seu inconsciente — apesar, é claro, de continuar achando que seu ego é que está "no comando".

Para Freud, é o inconsciente que escolhe a pessoa por quem você se apaixona, sua profissão e o seu estilo de vida; o restante a razão comanda.[7]

Mas o pior nessa história de o inconsciente escolher os rumos da sua vida é que, apesar de não ser você quem

---

[7] S. Freud escreveu um livro destinado ao grande público, explicando essa questão do inconsciente, chamado *Sobre a psicopatologia da vida cotidiana*. Nessa obra, explica por que esquecemos certas coisas, por que fazemos outras coisas sem querer, por que trocamos nomes, por que cometemos atos falhos etc. É uma leitura bastante agradável.

escolhe, *é você quem paga o preço*. Não existe este negócio de dizer "Ah, foi o meu inconsciente"— e se desrresponsabilizar pela coisa toda. Foi mesmo o seu inconsciente que escolheu, mas ele é o "seu" inconsciente.

Por que eu te amo?

Por que nos apaixonamos por uma determinada pessoa? Pelo que ela é, pela sua essência — responderíamos de pronto, levados pelas ilusões do amor romântico. Mas é bem pouco provável que seja por isso. Em primeiro lugar, a paixão é rápida; quando vem é quase instantânea, e para se conhecer a essência de uma pessoa, se é que isto é possível, leva-se muito tempo. Aliás, quando depois de longo tempo de convivência chegamos mesmo a conhecer a fundo o outro muitas vezes nos surpreendemos com o que encontramos e, assustados, reclamamos: "mas você é isso ?", "nunca imaginei que você fosse capaz disso".

O que causa a paixão são pequenas coisas, um detalhe do jeito da pessoa nos captura num enlaçamento vertiginoso. A psicanálise propõe que a pulsão é sempre parcial, e Roberto Carlos está certo ao cantar "... *detalhes tão pequenos de nós dois...*".[8]

Roland Barthes, no livro *Fragmentos de um discurso amoroso*[9], descreve este arrebatamento tão claramente que melhor é passar logo a palavra para ele:

---

[8] *Detalhes*. Roberto Carlos e Erasmo Carlos, 1971.
[9] São Paulo: Martins Editora, 2003.

No mundo animal, o que dá partida à mecânica sexual não é o indivíduo em todos os detalhes, mas apenas uma forma, um fetiche colorido do outro, que 'me' toca bruscamente. É a voz, a queda dos ombros, a silhueta esbelta, a quentura da mão, o jeito de sorrir. Posso me sentir atraído por uma pose ligeiramente vulgar, feita para provocar, por trivialidades sutis e móveis, que passam rapidamente pelo corpo do outro: um jeito rápido mas expressivo, de afastar os dedos, de abrir as pernas, de mexer os lábios carnudos ao comer, de se ocupar de algo muito prosaico, de tornar o corpo idiota por um segundo.

Quem diria que escolhemos a pessoa com quem queremos viver o resto de nossas vidas de maneira tão prosaica? Pois é... E mais: encantamo-nos com um detalhe da pessoa, mas casamos com a pessoa inteira, com todas as suas outras partes de que não gostamos, e às vezes nem conhecemos. Sem dúvida esta é uma das muitas causas do nó no casamento.

As neuroses se casam

No começo do casamento, a pessoa acha que escolheu seu parceiro bela beleza, pela inteligência, pelo sucesso, pelo corpo etc, porém, com os anos de convivência começa a se dar conta, alarmada, de que escolheu seu parceiro, entre outras coisas, *porque ele completa sua própria neurose.*

Sim, as neuroses também se casam e somos todos, num certo sentido, neuróticos, ou se preferirmos "normóticos". Aliás, o período de namoro é o tempo necessário para descobrir se nossas neuroses combinam. Escolhemos para casar quem nos completa — no bom e no mau sentido.

Se a pessoa tem uma tendência a se vitimizar, provavelmente escolherá um parceiro dominador; se a tendência for para ser um grande cuidador, ou controlador, certamente escolherá um parceiro carente. Duas pessoas dominadoras têm pouca chance de ficarem juntas por um tempo muito longo; todavia duas pessoas que gostem da disputa — sendo uma mais dominadora e a outra mais passiva — estas, sim, têm chance de um casamento longo, longo e repleto de reclamações justas: uma se queixando da dominação do outro, e o outro se queixando da falta de iniciativa do primeiro.

Queixar-se do outro sugere a presença de dois sentimentos, a antipatia e o antagonismo. A antipatia acontece quando não gostamos de alguém, quando não queremos ficar perto daquela pessoa. O antagonismo acontece quando discordamos de alguém, mas adoramos estar perto desse alguém, disputando, brigando — estejamos ou não conscientes disto. Vale dar um exemplo do mundo do futebol para entendermos melhor este tópico. Há pessoas que torcem para um time diferente do nosso, mas com quem adoramos encontrar para discutir, tirar um sarro etc. Isto é antagonismo, e ele aproxima. Se sentíssemos antipatia por essa pessoa, ao vê-la, mudaríamos de calçada apenas para não encará-la.

Boa parte do amor é feita de antagonismos, haja vista os jogos de sedução sexual, tão usados na luta amorosa para conquistar alguém. Nesses jogos, esse alguém a princípio não está disponível, o que parece aumentar o prazer de quem conquista.

Embora, do ponto de vista anatômico, a relação sexual seja complementar (afinal tudo se encaixa), nos comportamentos que antecedem o ato sexual em si — ou seja, na corte, na conquista, na sedução, no namoro — há disputa, há certo antagonismo.

Entre os que amam, geralmente um quer mais sexo que o outro, ou quer em hora em que o outro não está tão a fim — ou faz de conta que não está. Esta recusa, real ou fingida, acaba também sendo excitante para a maioria das pessoas, desde que não seja exagerada, e põe em andamento um jogo onde vencedores e vencidos se realizam. No fim das contas, o sexo satisfaz os impulsos amorosos tanto quanto os impulsos agressivos.

Eu te conheço: conheço?

"Eu te conheço, eu sei quando está acontecendo alguma coisa pelo jeito como você respira." — afirma a esposa desconfiada para o marido que acabara de lhe dizer: "Não é nada, não tenho nada."

De todas as ilusões do amor romântico há uma que geralmente se desfaz de uma maneira profundamente desconcertante: é a ideia de que realmente conhecemos a pessoa com quem estamos vivendo. Não é raro conviver com uma pessoa por muitos e muitos anos e, de repente, nos darmos conta de que não conhecemos essa pessoa.

Ela faz, ou sente coisas insuspeitadas, coisas que não imaginávamos nem admitíamos como possíveis. A partir do retumbante "Eu não acredito, não é possível!", o outro passa a ser um enigma, ou pior, uma fraude. Mas o mais provável é que o que o outro fez sempre foi uma possibilidade real, nós é que não podíamos ver. *Não podíamos, porque ver significava sentir coisas ou ter que tomar atitudes para as quais não estávamos preparados.*

No amor, conhecemos a pessoa amada da mesma maneira a que assistimos a um filme: preenchemos com nossa imaginação os espaços vazios entre os fotogramas. Isto, porém, não é uma característica do amor, tem a ver com todos os tipos de relacionamento humano e chama-se *idealização*. O que acontece é que, no amor, pagamos muito caro por nossas tantas idealizações.

Essas idealizações não se referem apenas à pessoa amada, muitas vezes sofremos também pelas idealizações que construímos a respeito de nós mesmos, e uma das mais frequentes é a da *vítima inocente*. Gostamos de pensar que somos um parceiro legal, que estamos fazendo tudo o que podemos pelo relacionamento e que o outro é que é um egoísta, quando não um sacana mesmo, que nos faz sofrer com suas maldades.

É preciso muito cuidado com esta historinha vitimosa, porque raramente existem bandidos e mocinhos no amor; estamos mesmo, os dois, tentando nos salvar de nossas próprias angústias. Marido e mulher são como dois náufragos que, nadando num mar de desejos e sentimentos conflitantes, acabam se encontrando, segurando-se um no outro e, com isto, salvando-se momentaneamente de morrer afogados ou de frio. Mas os dois são náufragos — ninguém está salvando ninguém.

Talvez seja mais produtivo pensarmos em termos de *complementaridade*. Para além das queixas contra o outro cabe sempre nos perguntarmos por que escolhemos esse outro para casar. As respostas serão surpreendentes, desde que sejam sinceras, é claro.

O desejo é sempre desejo de outra coisa[10]

Se você, ou seu parceiro, anda criando muito caso ultimamente, brigando por pequenas coisas, irritando-se à toa, muito provavelmente precisa de outra coisa, mas não sabe pedir. O que pode ser?

Não é muito difícil saber: amor, atenção, prazer, sexo, carinho, privilégios. Nesse sentido, o ser humano é muito simples e previsível, mas em cada caso individual é um ser muito complexo porque a mistura entre os vários desejos, e destes com os medos, é muito grande.

É frequente desejarmos coisas contraditórias entre si, também desejarmos coisas que tememos — e mais: às vezes parece que só queremos desejar, *como se querer fosse mais importante do que ter*. O real nem sempre é tão legal quanto a fantasia. Se tudo isso parece muito complicado não se espante, o desejo humano é mesmo algo muito *enrolado*.

---

[10] Frase muito divulgada de Jacques Lacan.

Para começar é preciso esclarecer que o desejo não é a mesma coisa que a vontade, o querer, o tesão, a necessidade, a pulsão, o gozo e a demanda, embora, é claro, tenha algo a ver com tudo isso. Uma saudade antiga e nem sabemos direito de quê... — a isto chamamos de desejo.

A psicanálise faz uma distinção bastante interessante entre querer e desejar. Desejar é sempre desejar outra coisa, por isto nada do que alguém possa querer é suficiente para satisfazer o desejo; e assim poderíamos até agradecer a quem não nos dá o que foi pedido, mantendo-nos no estado excitante do desejo.

De um lado, temos o mundo do querer consciente que tem a ver com as necessidades, com as vontades, com os projetos; de outro lado, temos o mundo do desejo inconsciente, que, como vimos, tem a ver com caminhos de satisfação bastante arcaicos, e geralmente colocam a pessoa em grandes encrencas.

O problema é que esses dois mundos nem sempre são harmônicos. Muitas vezes o que uma pessoa quer *não é o que ela deseja*. Como diz Paulo Coelho, o mundo conspira a nosso favor. Isso pode até ser verdade, mas o problema mesmo é que a própria pessoa *nem sempre conspira a seu favor*. No campo do desejo, a questão primordial não é o mundo, é o próprio sujeito dividido: *minha luta é enorme: é primeiro comigo.*

Cibele é uma mulher solteira de 37 anos, filha única de uma família portuguesa. Estudou economia e trabalha nas empresas da família. É uma mulher bonita, atraente, inteligente, culta e divertida, mas, apesar de todos esses dotes, tem muitas dificuldades para se envolver em um relacionamento amorosos mais ou menos sério. Ela diz: "Quero me casar, ter filhos, encontrar um homem legal para ser meu marido e companheiro, mas não sei o que acontece, eu nunca o encontro".

Durante a análise ficou claro que a sua dificuldade não era em termos de relacionamento, já que tinha muitos amigos, era bastante sociável, os homens a procuravam e tinha relacionamentos sexuais satisfatórios. O problema, dizia ela, "é que eu não me apaixono".

Ela queria de verdade encontrar um homem e se casar, por isto procurou tratamento, e se desesperava quando percebia que o tempo estava passando e ela não encontrava ninguém. O interessante é que ela nunca falava sobre desejar sexualmente um homem, sobre sentir-se atraída. Ao que parece, ela "queria" um homem, mas não "desejava" um homem. Queria um homem para ser seu marido, pai dos seus filhos, para cumprir o que a sua família (e ela mesma) sonhavam para a futuro.

Há mulheres que querem muito encontrar um homem, mas não o desejam. Esta pode ser a explicação para mulheres como Cibele, que são bonitas e interessantes, mas não encontram um companheiro. Para outras mulheres, o problema é exatamente o oposto, não querem, mas desejam aquele homem, e por isto se envolvem repetidamente em relações complicadas com parceiros pouco disponíveis verdadeiramente.

Parece que o desejo é uma força de atração bem mais potente que o querer.

Meu nome é multidão

Eu sou eu, sou um conjunto de sentimentos, pensamentos e comportamentos unificados e coerentes que se mantêm estáveis no tempo e no espaço. O eu — essa noção de identidade que cada um carrega dentro de si com tanta certeza — é uma ilusão, já que nada é mais mutável e contraditório do que um ser humano.

Para a psicanálise a pessoa não é um indivíduo (aquilo que não pode ser dividido), ao contrário: o ser é dividido em muitos "eus" diferentes. A mesma pessoa que apregoa as vantagens do amor e da tolerância em uma palestra, mal chega em casa e começa a brigar e a discutir com a mulheres e os filhos sem tolerar qualquer contrariedade.

O homem, que é todo gentileza e educação com a namorada durante um jantar, também enfia o dedo no nariz e coça o saco quando entra no banheiro, e transforma-se em um "animal" quando leva sua namorada para a cama.

Basta apenas um pouco de atenção para a pessoa perceber sua multiplicidade, sua diversidade, sua fragmentação, representada no diagrama adiante e magistralmente captada nos versos do poeta Ferreira Gullar.

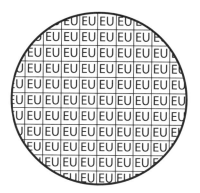

Uma parte de mim
é todo mundo;
outra parte, ninguém:
[...]Uma parte de mim
é multidão;
outra parte estranheza
e solidão.
[...]
Uma parte de mim
almoça e janta
outra parte se espanta.
Uma parte de mim
é permanente;
outra parte
se sabe de repente [11]

---

[11] "Traduzir-se", na obra *Vertigem do dia*.

O nó e o laço

O casamento, então, não é a dois, como estamos acostumados a pensar, é uma multidão de "eus" ligada a outra multidão de "eus" como no diagrama abaixo. Pense: em que poderia dar isto, senão confusão e nós?

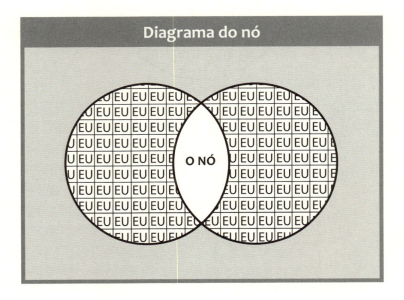

Segundo a Análise Transacional, uma derivação da psicanálise que surgiu na década de 1960, dentre esta multidão de "eus", encontram-se o eu da mãe e o eu do pai da pessoa. Vejamos as consequências disto para o casamento.

Todo casamento tem história e essa não se resume ao tempo do namoro ou dos primeiros encontros, vai muito mais longe, retrocede no mínimo ao casamento dos pais. É que cada um de nós carrega, muitas vezes sem saber, *o casamento dos nossos pais como referência*, seja para fazer igual, ou então para tentar fazer o oposto.

No começo da relação amorosa essa herança afetiva não influi muito, pois a paixão suplanta tudo, mas com o tempo, com a chegada da rotina e da tarefa de lidar com os problemas do dia a dia, o jeito como os pais lidaram com o casamento vai se insinuando sutilmente na relação, para o bem e para o mal. Mesmo que o casamento dos pais tenha sido um casamento feliz, tal influência é problema à vista, pois dois modelos diferentes juntos, o dos pais dele e o dos pais dela — mesmo se ambos forem felizes e certos — tendem a entrar em conflito.

Um exercício interessante para entender o nó do seu casamento é imaginar como seria o casamento do seu pai com sua sogra, ou da sua mãe com seu sogro. Imagine, não daria um belo nó? Pois é, esse casamento inverossímil e imaginário existe de fato no dia a dia de muitos casais.

Amor de mãe

Os homens se comportam no casamento como se quisessem (muitas vezes sem nem se darem conta) que a esposa fosse mãe e amante na mesma relação; e quando isto não ocorre sobrevém um sentimento de frustração e irritação. Interessante: a língua portuguesa é uma língua edípica, nela as palavras mãe e mulher começam com a mesma letra "m".

Sobre a questão regressiva no amor, Barthes escreve, na obra citada atrás:

> *... além da cópula, há este outro enlace que é o abraço imóvel: estamos encantados, enfeitiçados, estamos no sono sem dormir, é o momento das histórias contadas, o momento da voz que vem me imobilizar, é a volta da mãe. Mas no meio deste abraço infantil surge infalivelmente o genital, ele corta a sensualidade difusa do abraço incestuoso, o desejo se põe em movimento, o adulto se sobrepõe à criança, sou dois ao mesmo tempo, quero a maternidade e a genitalidade, uma criança com tesão, retesando seu arco: como o jovem Eros.*[12]

O cordão umbilical

A relação simbiótica com a mãe é a ligação concreta mais harmoniosa e simples entre duas vidas que o ser humano pode experimentar. Note-se que o cordão umbilical é, provavelmente, o único fio que liga duas pessoas sem necessidade de laço ou nó, ele é muito natural e funcional. Mas há um problema para que um ser humano cresça e se torne verdadeiramente um indivíduo, ele precisa separar-se da mãe, é preciso um corte e um nó: o umbigo é o nó que marca a existência autônoma de um ser, e é também a cicatriz que nos fez recordar a existência de uma relação idílica, completa, que já tivemos um dia e que não é mais possível na vida adulta, nem mesmo através do amor ou do casamento.

---

[12] BARTHES Roland. *Fragmentos de um discurso amoroso*. São Paulo: Martins Editora. 2003.

A lenda do nó

Conta a lenda que na antiga Fríngia, o imperador Górdio, que naquela época dominava toda a Ásia, mantinha em seu castelo um exuberante carro de guerra atado ao seu trono através de um nó irreversível. Este nó era um símbolo do seu poder e também um desafio ao engenho humano. Segundo a profecia do oráculo, quem conseguisse desatar o nó ganharia o trono da Fríngia e governaria sobre todos os seus domínios. Sábios, guerreiros, religiosos, príncipes, todos tentavam e não conseguiam: o nó simplesmente não podia ser desfeito, era um nó cego.

Quando Alexandre, o Grande, em sua campanha asiática, dominou os exércitos de Górdio e entrou na cidade, logo ficou sabendo da profecia e quis ver o nó. Quando chegou ao palácio, Alexandre encontrou o imperador Górdio perplexo, olhando o nó e se perguntado como alguém tinha sido capaz de derrotá-lo se o nó não havia sido desatado. E lá estava o magnífico nó a desafiar Alexandre. Ele se aproximou, observou, e com um só golpe de sua espada cortou o nó, vencendo assim o rei e a profecia.

O que esta história poderia nos sugerir é que, em certas situações, a solução mais eficaz é a mais simples e direta, sem muita conversa, é só ir direto ao ponto e eliminar o problema. Mas vejamos a continuação da história.

No instante seguinte em que foi cortado, o nó se refez, e a cada vez que era novamente cortado, imediatamente seus fios voltavam a se atar, era um nó mágico.

Assim nasceu a expressão *nó górdio* para indicar problemas que não podem ser resolvidos. O que a história efetivamente sugere é que certos nós não se prestam a soluções simples e diretas, necessitam de tempo, elaboração, e de uma certa habilidade para serem desatados.

Esta história, contada no livro *O mito dos nós* [13], do professor de antropologia Gustavo de Castro e Silva, é apenas uma dentre tantas outras existentes na literatura, no folclore e nas religiões, que têm o nó como tema. Nelas, geralmente o nó aparece como símbolo de união, conexão, interação — às vezes paradoxal, dos contrários —, mas sempre agregando a si um sentido duplo, simultaneamente de *abertura e fechamento*.

A metáfora do nó é recorrente em diferentes tradições religiosas. Um dos livros sagrados do hinduísmo, o *Surabagma Sutra*, é conhecido como o livro do desatamento dos nós.

O *Alcorão* faz inúmeras referências a feiticeiros que atam e desatam nós, tentando controlar o destino das pessoas. A tradição afrobrasileira da umbanda faz trabalhos de "amarração" e "desamarração" para resolver problemas amorosos e financeiros.

Os árabes têm o costume de evitar mau-olhado dando um nó na barba. Para os antigos marinheiros, os nós

---

[13] SILVA, Gustavo Castro. *O mito dos nós*, Brasília: Casa das Musas, 2006.

tinham função prática e simbólica, funcionando como um talismã contra os perigos do mar: uma corda com três nós significa mar calmo, dois nós, vento rude e mar agitado e um único nó queria dizer tempestades e furacões.

Duas curiosidades linguísticas sobre esta questão do nó e das dificuldades no campo amoroso. Nos dicionários de língua portuguesa, no verbete "nó" aparece, quase sempre, entre outros significados, o de *casar-se, matrimoniar-se.* Em todas as línguas do mundo existe a expressão "cair de amor". Por que será?

O amor da deficiência

No sentido da busca de um nó amoroso ideal vamos considerar a existência de dois tipos de amor: o *amor de deficiência* e o *novo amor.* O primeiro é o amor romântico, o amor que todos conhecemos e buscamos para nos salvar daquela sensação angustiante na qual somos lançados, desde o instante em que nascemos. Essa sensação está na pergunta: *somos amados?* O segundo é o novo amor, um tipo raro e desconhecido de relacionamento amoroso que, algumas vezes, alguns de nós conseguem alcançar quando nos livramos das garras do amor de deficiência.

O *amor de deficiência* é o mais comum, é quase universal, acontece com todo mundo, é o amor que todos conhecemos, que estamos acostumados a viver e a sofrer, é o amor idealizado, no qual supomos encontrar uma pessoa maravilhosa que nos ama, que nos deseja, e somente a nós — ou seja, é o amor da criatura encontrada. Este é o amor onde o outro surge como obturador do vazio existencial, como apagador da angústia que nos devora a partir de dentro. É um amor de salvação, que nos dá uma sensação de completude e de segurança maravilhosa, é a tal felicidade.

Paradoxalmente, porém, ele também é angustiante porque se perdemos essa criatura encontrada, ou se descobrimos que ela não nos ama como imaginamos — ou que mesmo nos amando, pode ainda assim desejar outras pessoas, mesmo que imaginariamente — acabamos por cair de volta naquela sensação de *desimportância*, de desamor, de frustração e de incompletude que a maioria de nós carrega escondida dentro do peito.

É claro que se dependemos tanto assim de alguém para nos sentir bem na vida, vamos querer possuir e guardar esta pessoa para nós; ao mesmo tempo, vamos viver num inferno de ansiedade temendo o dia em que possamos perdê-la. Mesmo que efetivamente nunca venhamos a perdê-la, mesmo assim, sofremos só de imaginar tal possibilidade. É que se o outro é o ar que "eu" respiro, sem ele não respiro, morro — então, o melhor que tenho a fazer é tratar de mantê-lo bem próximo, bem vigiado.

Esta história de que o outro é que nos faz felizes é bonita e romântica, mas, na prática, é uma das fontes de tensão no relacionamento amoroso. Neste sentido, dizer para alguém "Você é o ar que eu respiro" não é uma declaração de amor, é uma ameaça! O amor de deficiência é também um amor de ambivalência: ao mesmo tempo em que nos completa, também nos deixa famintos. O mito sobre o nascimento do deus do amor, *Eros*, é bem o exemplo disto.

Eros nasceu de uma noite de festa entre os deuses. Todos tinham sido convidados, menos a deusa Penúria, miserável e faminta. No fim da festa ela veio, comeu as sobras e acabou dormindo com Apolo, o deus da beleza, engenhoso e astuto. Foi desta relação sexual que nasceu Eros, o deus do amor que ora se parece com sua mãe, sedento e faminto, ora se parece com seu pai, astuto e engenhoso em se fazer amado. Não é assim um ser apaixonado, ora belo e cheio de vida, ora sedento e inseguro em busca de amor?

A primeira forma de amor que o ser humano conhece é o amor de deficiência. O que acontece é que quando um ser humano nasce ele ainda não está preparado para viver neste mundo, ele nasce sem condições de se virar sozinho, depende inteiramente do outro, nesse caso da mãe ou de alguém que desempenhe a função materna.

Se o bebê for deixado sozinho após o nascimento, ele morre porque ainda não é capaz de andar, nem de falar, nem de nada. Ele não consegue atender às suas necessidades de alimentação e de proteção, por isso o outro efetivamente *é o ar que ele respira.*

É curioso notarmos que um dos marcos do nosso nascimento é um nó que separa, nó do qual o umbigo é a cicatriz. O umbigo é o nó que lembra a falta — é uma cicatriz que marca a ausência daquele ser que nos sustentava, a mãe.

É quase como se nascêssemos antes da hora, e nesse sentido, o primeiro artigo da declaração dos direitos humanos da ONU é uma balela: ele diz que *todo ser humano nasce livre*. Não é verdade, ninguém nasce livre, ao contrário, nascemos completamente dependentes. É claro que nascemos com potencial para a liberdade que viremos a conseguir mais tarde, mas a sensação de insuficiência, de desamparo, de dependência do outro nos marca para sempre; e muitas vezes não conseguimos nos livrar dela, mesmo quando já somos adultos capazes de conseguir tudo de que precisamos para a sobrevivência física imediata.

Há mais uma coisa sobre o amor de deficiência que é importante notar: ele é um amor de desamparo, e desamparo nada tem a ver com abandono. Desamparo é um conceito psicanalítico sobre a condição de insuficiência psicomotora (na qual nasce o bebê humano), que foi evoluindo ao longo da obra freudiana, e passou a designar a condição fundamental de funcionamento do psiquismo humano. Deixou de significar apenas o fato de o humano nascer antes da hora (e portanto momentaneamente despreparado para sua sobrevivência) para constituir a ideia *de que o ser humano vive para sempre na incerteza*, na insuficiência, na precariedade da linguagem, na turbulência da sexualidade; ou seja: *vive na falta*, pelo menos em termos psíquicos.

O desamparo deixa de ser uma fase no desenvolvimento do ser humano para se transformar em seu companheiro de vida. A ideia aqui é que o desamparo, companheiro de quem vive, fala, ama, goza e sofre tem tudo a ver com a forma como amamos. *Parece que ou encontramos uma maneira de lidar com o desamparo, ou continuaremos prisioneiros do amor de deficiência.*

O amor que salva: salva?

O novo amor, por sua vez, é um ponto de chegada, nunca um ponto de partida. É muito raro encontrar um casal que viva desde o começo esse tipo de relacionamento. Na maioria dos casos, só se alcança o novo amor depois da travessia das ilusões do amor romântico, e elas são muitas: *felicidade, salvação, completude, suficiência, simetria, exclusividade.*Vejamos algumas destas ilusões mais de perto.

Duas coisas podem dar ao homem um vislumbre do que seja a morte: um ataque de pânico e uma separação amorosa. Se a separação amorosa é mesmo "um ensaio da morte"[14], deve ser porque a sensação de morte que experimentamos na separação amorosa, ou na possibilidade de ela acontecer, ou na fantasia de que ela vai acontecer, tem a ver com esse tal desamparo que comentamos atrás.

E o amor de deficiência seria aquilo que nos livraria do desamparo. Mas este amor está fundado em uma dupla ilusão: primeiro que morreremos se o nosso objeto amado for embora, segundo, esse objeto amado efetivamente resolve o desamparo. Na prática, não morremos quando somos rejeitados amorosamente, pelo menos não a maioria de nós. Podemos sofrer e acabar desiludidos, mas vivos, e também o amor não nos salva da angústia do desamparo.

Mais ainda: o amor, seja ele amor de deficiência ou novo amor, é um arranjo insuficiente, ou ao menos precário, para nos livrar da angústia de viver; ele raramente

---

[14] CARUSO, Igor. *A separação dos amantes.* São Paulo: Cortez, 1985.

preenche inteira e definitivamente o buraco que carregamos no peito, buraco vazio que, se não aparece em nossa anatomia corporal, insiste em se insinuar em nossa anatomia amorosa. A história de Cristina é exemplar a este respeito.

A história de Cristina

Cristina era uma menina linda, mas desde mais ou menos seus cinco anos de vida ficou evidente que ela era infeliz e agoniada. Não que ela reclamasse ou fosse agitada, não era, mas qualquer um que olhasse via que ali estava uma menina angustiada. Cristina raramente ria, a ponto de sua família ter inventado um interessante jogo para os dias de domingo. O tio de Cristina chamava os amigos e apostava com eles para ver quem fazia a menina sorrir. Ninguém ganhava dele.

A cuidar amorosamente de Cristina estava a sua Tiana, que lhe dizia: "Sossegue minha linda, quando você crescer, isso passa". Cristina cresceu, foi para a escola, aprendeu a ler e a escrever e fez muitos amigos. Era muito inteligente e estudiosa, lia com muita voracidade, queria mesmo descobrir o mundo que havia nos livros, e chegou a ensaiar seus primeiros versos; mas as palavras não preenchiam aquele maldito vazio em seu peito, ele continuava lá.

Tiana, porém, tinha um grande trunfo: "Não se afobe minha querida, quando você se apaixonar, vai descobrir o amor e tudo se aquietara em seu coração".

Como era de se esperar, Cristina não tardou a se apaixonar. Felizmente foi um amor correspondido e ela viveu o primeiro de muitos momentos de completude em sua vida. O buraco desaparecera, e onde antes havia o vazio agora palpitava um coração que até queria explodir para anunciar ao mundo como era boa a felicidade.

Infelizmente, com o tempo e com os acontecimentos da vida, um pequeno arranhão foi aparecendo na superfície daquele coração feliz, foi crescendo devagar até se tornar um buraco vazio no meio do peito.

Tiana, porém, era insistente e voltou a socorrer Cristina: "Não se preocupe, daqui a pouco você termina sua faculdade e vai ser uma mulher de sucesso e muito feliz".

Algum tempo depois, no auge de uma carreira de sucesso como médica, Cristina desfrutava da sensação de salvar vidas, de ser reconhecida, de ganhar dinheiro fazendo o que gostava, e finalmente acreditou ter encontrado o jeito de tampar o seu buraco.

Esta foi uma ilusão que não durou muito, e rapidamente as coisas começaram a perder o sentido para Cristina, que voltou a sentir aquela velha e conhecida angústia no seu peito. E desta vez foi sozinha, sem Tiana, que Cristina descobriu seus caminhos: encontrou o homem certo na hora certa, casou-se e teve um filho. A experiência da maternidade encheu Cristina com um sentimento de poder e plenitude até então desconhecido. O filho de Cristina foi crescendo e junto com ele o terrível buraco.

A esta altura da vida Cristina estava se sentido cansada, desanimada, e desembocou numa verdadeira depressão. Tinha perdido as esperanças. Ai, em vez de Tiana, apareceu um analista que disse que era preciso encarar de frente a angústia e o buraco. Valente como era desde menina, Cristina topou e mergulhou fundo buraco-a--dentro em busca de seu verdadeiro eu. Sofreu muito, mas descobriu muitas coisas e se livrou da depressão. Porém o buraco continuava lá.

Um dia, quando Cristina já era uma mulher madura, vivida e realista, e Tiana uma mulher velha, Cristina tomou coragem e perguntou: Tiana, me diga, você conseguiu? A tia percebeu que já era hora de contar a verdade e respondeu olhando diretamente nos olhos de Cristina: "Eu vou lhe abrir meu coração, na verdade eu..."

Embora Tiana continuasse falando, Cristina não conseguiu ouvir mais nada porque bem no centro dos olhos da tia Cristina viu. Viu o quê? Dois pequenos buracos negros a mirá-la, e pensou que sua tia também não tinha conseguido resolver inteiramente a questão do vazio existencial. Mas que apesar disso era uma mulher feliz.

Aí Cristina se lembrou de uma coisa que todo mundo lhe dizia desde pequena: "Menina, você tem os olhos muito parecidos com os olhos de sua tia".

Na última vez em que encontrei Cristina, ela me disse meio displicentemente, sem nenhum drama "Parece que tem coisa que nem o amor resolve" — e me fitou com aqueles grandes olhos castanhos.

E eu vi, bem no centro de seus olhos que, apesar do buraco e do vazio, essa mulher tinha encontrado um caminho para a felicidade. Foi bom de ver.

Amor da deficiência é amor a crédito

Outra ilusão importante no amor é a de que ele resolve nossas mágoas do passado. Antigamente existia uma forma de compra a crédito que funcionava bastante bem. O freguês ia até a mercearia, fazia suas compras, que eram anotadas pelo dono do estabelecimento em uma caderneta que ficava com o cliente. Noutro dia a pessoa

O nó e o laço

voltava, fazia outras compras que também eram anotadas na caderneta, e seguia assim, até que, no final do mês, o cliente levava a caderneta para que o comerciante somasse o total devido que era então pago. É como se fosse um cartão de crédito, só que com a diferença que quem controlava a conta era o cliente.

O amor de deficiência funciona assim como um amor de caderneta. A pessoa vai anotando ao longo da vida o quanto lhe faltou de amor, até que um dia, quando aparece alguém que a ama, ela apresenta a conta toda.

É mais ou menos assim: quando nasce, ela tem uma necessidade de amor que é parcialmente preenchida pela mãe; a mãe sem dúvida ama o filho, mas não da forma ou na intensidade que ele desejaria, então a pessoa anota na caderneta: a vida me deve 5 mil amores.

Depois, na infância, vai colecionando situações de carência amorosa e anotando na caderneta: a vida me deve mais 4 mil amores, mais 7 mil amores. Na adolescência, quando vive seu primeiro grande amor, o resultado geralmente é uma anotação em vermelho registrando todo o sofrimento que um primeiro amor causa quando não é correspondido. E a conta segue, até que um dia a pessoa encontra alguém que lhe diz "Eu te amo!", aí a pessoa, mais do que depressa, mostra a conta de uma vida inteira de frustrações amorosas com a certeza de que o outro vai zerar este débito.

O amante realmente tem amor para dar, mas pode acabar se assustando com o tamanho da conta e afastar-se. Mas, mesmo quando o amante, desejoso de cuidar de sua amada, fica, e promete zerar o débito, o resultado a longo prazo não é o que se espera.

Acontece que uma pessoa, mesmo dando muito amor, não consegue apagar as dores do passado de outra pessoa, pelo menos não na maioria dos casos. Estas marcas amorosas não costumam se apagar pela compensação, e sim, pela via da elaboração, da superação. Este é um caminho individual que pode até ser facilitado por uma companhia carinhosa e cuidadosa, mas não pode ser percorrido por ela.

É claro que, se gostamos de uma pessoa, tomamos cuidado para não feri-la, e em especial não feri-la nos mesmos lugares já machucados, mas isto não quer dizer que somos responsáveis pelo seu passado, embora no amor romântico, acabamos prometendo exatamente isto.

Se uma pessoa foi traída em um relacionamento anterior, isso não significa que o parceiro atual tenha de arcar com as consequências disso e suportar toda a insegurança que vem daí, mas na prática é o que acaba acontecendo. Este é o nó que vem do passado.

Uma das características mais fortes do amor de deficiência é que ele é um amor de certezas, de garantias de eternidade do sentimento, de fidelidade e de tantas outras ilusões. O novo amor haverá de ser um tipo de relacionamento que pode suportar um tanto de incerteza, um tanto de angústia.

Muitas vezes somos atormentados não pela ocorrência de um fato, mas simplesmente pela possibilidade de ele vir a acontecer. É assim, por exemplo, quando pensamos em nossa própria morte, ou quando nos angustiamos com a possibilidade de sermos traídos mesmo que nada, no momento presente, esteja apontando para isso. Essas coisas, mesmo que não queiramos admitir, são sempre possíveis de acontecer, e se não suportamos, minimamente, a *angústia do possível* acabamos nos amarrando nas garantias ilusórias do amor romântico. O possível é — e sempre será — angustiante, ninguém pode escapar definitivamente de todos os possíveis, a não ser imaginariamente.

Este é o nó que vem do futuro.

Ser inocente é uma desgraça

A inocência em termos de amor é algo perigoso, acaba levando à impotência. Certa vez uma paciente me disse: "Não ser culpada é uma merda". Ela se referia a uma situação amorosa bastante comum. Quando o namoro começa a se desgastar, o namorado chega e pede um tempo para a namorada, diz que não é o fim do relacionamento, mas que precisa pensar um pouco porque não está se sentindo bem na relação. Se a namorada gosta dele vai tentar demovê-lo desta ideia porque sabe que essa história de dar um tempo não é um bom sinal, e nem é muito verdadeira. Então, ela pergunta: "O que está acontecendo, o que foi que eu fiz?"

Se ele apresentar suas reclamações sobre o comportamento dela, a situação ainda pode ser revertida, já que ela sempre pode prometer que vai mudar, mesmo que não venha a cumprir tal promessa. Mas o pior, mesmo, é se ele vier com esta explicação: "Olha meu amor, você não fez nada, o problema não é você, sou eu, eu é que não estou preparado para o amor, você merece algo melhor".

Se você é inocente, se você não tem nenhuma culpa no que está acontecendo, você também não pode fazer nada para resolver o problema. Então, como diz minha paciente, o melhor é não ser completamente inocente nos problemas do amor, porque se for, não tem mais jeito. Mas também não se trata de ser exatamente um culpado no sentido de ter feito coisas erradas, e sim de estar implicado, envolvido. Nesse sentido é sempre bom ter algo a ver com o problema.

A noite de amor perfeita

A noite de amor perfeita é aquela em que "eu e você nos transformamos em um só: EU"[15]. Ou seja, não há equilíbrio total. Aquela história das duas metades da laranja até pode ser verdadeira, mas as metades não são iguais, tem sempre uma que é *um pouquinho maior* que a outra. A ideia de que o amor é perfeitamente simétrico é uma ilusão da visão romântica do amor. Isto é muito raro, quase inexistente. O que acontece mesmo é que no casal sempre tem aquele que ama mais que o outro, é inevitável, e sofrido.

O amor tem algo de egoísta, é da sua natureza. Isto pode não ser muito romântico, mas é realista e facilmente observável em qualquer casal. Aliás, no limite, o amor é também uma questão de poder, trata-se de decidir quem domina quem — tanto no sentido afetivo como no sexual.

---

[15] Esta frase é de Wood Allen, cinesta norte-americano.

No amor, um mais um não é igual a um como supõe a paixão, tampouco um mais um é igual a dois, como supõe a matemática, um mais um é igual a três: eu, tu e o nó.

Observe as três partes de um nó. Tudo no casamento é distribuído por essas três regiões, o tempo, o dinheiro, os amigos, o afeto, o sexo etc. O problema é que esta distribuição raramente é consensual.

Quanto do dinheiro de um casal pode ser gasto só pelo eu, ou só pelo tu? Ou tudo deve ser gasto em conjunto? E as amizades, cada um pode ter seus próprios amigos, ou os amigos devem ser sempre amigos do casal? E em relação ao tempo, os dois precisam estar sempre juntos, ou cada um pode fazer suas coisas sem que o outro se sinta excluído?

E o sexo, é sempre nós, ou cada parceiro tem liberdade para ter alguma vivência sexual sem a participação do outro? Este costuma ser um assunto muito complicado, mas sem dúvida existe atividade sexual, pelo menos em fantasia, fora do nós.

O amor nos tempos do nó

Infelizmente (ou quem sabe, felizmente) não existe a proporção ideal para essa distribuição. Todas as tentativas de estabelecer uma divisão ideal fracassaram, cada casal tem de encontrar a medida certa do seu nó. Em alguns, o nós é tão grande que quase não existe individualidade. Essa forma geralmente só é satisfatória durante o tempo da paixão, mas depois, se não houver um afrouxamento do nó, um dos dois começa a se sentir preso, sufocado e os problemas não tardam a aparecer.

No outro extremo, existem arranjos onde o eu e o tu são tão grandes que quase não existe casamento, o que também tem suas consequências como insegurança, solidão e falta de companheirismo.

Há vida além do nó, existem coisas importantes para a vida que não estão diretamente relacionadas ao casamento. É até saudável que exista essa espécie de "jardim secreto" onde posso cultivar minha individualidade: ajuda a afrouxar o nó. Isso não costuma ser problemático quando falamos de nós, mas quando percebemos que uma parte do outro também não está no nó, aí as coisas mudam e podemos ficar inseguros e angustiados. *Quando é conosco, chama-se privacidade, quando é com o outro chama-se desamor.*

É gostoso pensar que o outro vive para nós, quando de fato o outro está apenas vivendo a vida dele, vida essa que existe *para aquém e para além de mim.* Quando passamos por uma separação amorosa indesejada, pensamos no amado(a) todos os dias, por meses ou anos — até que um dia, ao amanhecer, nos damos conta de que no dia anterior não nos lembramos da pessoa amada nenhuma vez.

Ficamos satisfeitos por começar a esquecer aquela fonte de tanto sofrimento, mas um novo pensamento faz tudo desabar: e se ele também não pensou em mim ontem? O outro pode estar morrendo em mim, isto é desejável, mas se eu também estou morrendo em sua mente, isso é intolerável.

O novo amor

Novo amor é o nome que damos para a distribuição eu-tu-nós que funciona e que satisfaz minimamente ao casal. Não é fácil de ser alcançado, mas é possível. E a conversa amorosa não deixa de ser um bom instrumento para se alcançar este objetivo, embora existam casais que chegam neste acordo de maneira tácita, sem palavras, o que também pode funcionar bastante bem.

Todos nós, quando vivemos uma relação amorosa, gostamos de pensar que somos o centro da vida da outra pessoa, às vezes ela mesma nos diz que somos isto, mas não é assim: essa verdade é apenas mais uma boa ilusão romântica, já que de fato, no máximo, somos o objeto de amor dessa pessoa.

Se uma pessoa é traída ela insistentemente pergunta "Mas você não pensou em mim, não pensou no que estava fazendo comigo?". O outro pode até ter pensado, mas acontece que ele não faz algo pelo outro, foi por ele.

É natural, porém, que quem foi traído faça essa pergunta, já que ela está no centro de sua própria vida. Não trair pode ser um ato de amor, mas trair não é, necessariamente, um ato de desamor pelo parceiro; é antes um ato de amor-próprio. É egoísmo, sem dúvida, mas não desamor necessariamente.

O *nó não atrapalha o amor, ele faz parte do amor.* Evidentemente que o amor nos tempos do nó é um amor diferente, é um amor forte e tem suas sutilezas e pressupõe amantes experientes e realistas, capazes de reinventar as ilusões da paixão de forma consciente e duradoura.

RELEMBRANDO

O amor nos tempos do nó

1. A passagem da paixão ao amor é um momento de decisão, pode ser um ponto final, ou um ponto de mutação.
2. Se o casamento é uma separação adiada, então que seja um adiamento sem fim.
3. Um casamento diferente para cada casal, talvez este seja o ideal.
4. O que causa a paixão são pequenas coisas, é apenas um detalhe da pessoa que nos captura num enlaçamento vertiginoso.
5. Conhecemos a pessoa amada com nossa imaginação, e pagamos caro por isso. As neuroses se casam.
6. Quem anda brigando por pequenas coisas precisa descobrir do que realmente está precisando.
7. O casamento não é a dois, é uma multidão de "eus" ligada a outra multidão de "eus".

Nó Romântico

Você tem tudo pra ser o meu nozinho.

Você é a coisa mais linda do mundo
que Deus me deu.

Pensando bem,
Deus não me deu nada,
foi só um empréstimo , uma posse provisória,
mas falando a verdade, nem posse é,
deve ser mesmo só pra usofruto
e ainda por cima por pouco tempo,
e pra complicar, só de um pedaço
porque parte de você
é outra história.

Os meninos brincam, as meninas tramam

*Os "cromossomos" determinam a
vida sexual dos seres humanos...
O "como somos" cria o amor, a espiritualidade,
e a educação, transformando o ritual biológico do
instinto sexual numa história de amor única e
verdadeira para cada casal de amantes".*

Içami Tiba

Uma das razões de o nó existir em todas as histórias de amor é o fato de homem e mulher serem tão diferentes. No começo de uma relação, ou nos momentos de paixão, essas diferenças funcionam como atrativos e como elementos complementares, mas, com o passar do tempo, assumem um jeito de muro entre o homem e a mulher.

Nossa ideia é de que o amor não anula as diferenças, o amor não pula o muro (só a paixão consegue tal proeza), mas pode contorná-las pela trilha das palavras bem ditas, porque, é claro, as palavras também podem aumentar o muro quando usadas como armas.

É certo que essas diferenças não justificam nem autorizam a maneira desigual e injusta pela qual nossa sociedade machista costuma tratar a mulher no campo social e profissional, mas no campo do relacionamento amoroso as diferenças fazem o nó.

O homem é simples, a mulher complexa

Quando você receber um casal de amigos pela primeira vez em sua casa, faça o seguinte teste: após alguns minutos peça para os dois fecharem os olhos e depois peça para eles descreverem a sala. O homem provavelmente dirá algo assim: "Bem, tem um sofá, duas poltronas, uma televisão, uma janela no fundo e um tapete". Já a descrição da mulher será algo do tipo: "Bem, tem um sofá verde-oliva, duas poltronas em um ângulo de 45 graus, uma janela por trás do sofá com uma cortina em um tecido bege, na estante onde tem a televisão tem também um armário com uns copos de cristal lindos, ah, e um tapete de cisal, num tom levemente esverdeado com detalhes em marrom e..."

A questão é que homem enxerga *chapado*, e mulher enxerga em três *dimensões*. Dizem que se um homem entra em uma sala e percebe que ela foi pintada recentemente é pelo cheiro da tinta, e não pela visão. E isso tudo não é filosofia, é fisiologia.

Os cientistas afirmam que nos homens a visão central e de longa distância é mais desenvolvida do que nas mulheres. Provavelmente isso facilitava a caça nos tempos das cavernas. Já nas mulheres, a visão periférica é mais aguçada, o que era muito importante para a proteção da cria. Para proteger os filhotes, a fêmea tinha que conseguir prestar atenção a várias pequenas coisas ao mesmo tempo. Talvez isso ajude a compreender porque as mulheres são tão eficientes em perceber detalhes e os homens são tão obtusos: é a famosa história de a mulher perceber um pequeno desalinho na camisa do marido e ele, por sua vez, não se dar conta do vestido novo ou de um penteado diferente.

Mas não se trata apenas de roupas e cabelos, as diferenças envolvem todos os aspectos da vida de um casal. Parece que uma mulher percebe muito mais quando seu marido olha para outra mulher do que o contrário. Aqui o problema pode não ser de percepção, talvez a mulher, por razões culturais, olhe para outros homens de uma maneira muito sutil, o que faz com que o homem não consiga, ou não queira ver.

Estudiosos do campo da psiquiatria infantil, pesquisando o autismo (patologia na qual os indivíduos acometidos caracteristicamente fracassam em perceber os sentimentos dos outros) demonstraram que os meninos apresentam mais dificuldades para perceber pequenas alterações no rosto dos pais quando comparados com as meninas, e isso desde bebês. Elas percebem mais detalhes, mais nuances. Certa vez, quando mencionei isso para uma paciente, ela me disse que os *homens eram mais autistas* que as mulheres. Não sei se podemos chegar a tanto, mas que a percepção afetiva nos homens é mais frágil, o que lhes confere uma certa ingenuidade — muitas vezes bem aproveitada pelas mulheres — isto é fato.

Outra diferença interessante é uma questão de pele. Anatomicamente a pele humana é bastante fina, mas em termos de sexualidade e afetividade a sua profundidade é abissal, e a pele da mulher, por sua vez, é dez vezes mais sensível ao toque do que a pele masculina. Quando alguém critica o "sexo pelo sexo", acusando-o de ser algo superficial, ao afirmar coisas como "mas isso é só sexo; é só uma questão de pele", eu me lembro da frase do poeta Paul Valéry: "Se você soubesse como a pele é profunda". Além disso, também devemos notar que a mulher, diferentemente do homem, possui dois órgãos genitais distintos, o clitóris e a vagina, fato que tem provocado muita polêmica sobre o gozo feminino, tanto no campo teórico como no campo da vida sexual das mulheres.

De um modo geral, as mulheres gostam mais de conversar que os homens, e a suposta razão orgânica para tal dessemelhança encontra-se na descoberta de que as mulheres possuem mais regiões cerebrais ligadas à linguagem verbal do que o homem. Elas usam de 6.000 a 8.000 palavras por dia, enquanto o homem por volta de 3.000. Evidentemente existem muitas outras razões, de natureza não orgânica, envolvidas nesta questão.

Os homens não conversam, contam vantagens. Naqueles momentos quando os homens gostam de conversar, turmas de amigos e reuniões de negócios, por exemplo, raramente eles se referem a seus problemas emocionais; preferem brincadeiras e competições, veladas ou explícitas. Parece que as mulheres têm um pouco mais de facilidade para falar de suas mazelas quando estão juntas.

Provavelmente a razão para isso é cultural, do mesmo modo que também deve ser cultural o fato de existirem mais mulheres com depressão do que homens, e de as mulheres procurarem mais psicoterapia do que os homens. Homens e mulheres lidam diferentemente com a dor, seja ela física ou psíquica. Do ponto de vista físico, o corpo masculino suporta melhor a dor, mas no campo emocional as coisas são bem diferentes.

No meu trabalho como psiquiatra, atendendo crianças e adultos, tive a oportunidade de observar uma coisa muito significativa na maneira como o pai e a mãe de crianças autistas, ou com deficiência mental, reagiam à doença. Geralmente quem trazia a criança para a consulta era a mãe (hoje as coisas estão mudando e muitos pais já acompanham o filho ao médico) e quando se referia aos problemas familiares causados pela doença da criança a frase costumeira era: "Doutor, do jeito que está não é possível: ou o senhor dá um remédio para este menino se acalmar ou eu fico louca. Ou então "Doutor, se o senhor não der um remédio para este menino se acalmar, meu marido disse que vai embora".

Ou seja, as mães enlouquecem, os pais desaparecem. Isso nos remete a uma frase lacaniana que diz que "o filho é da mãe". Pai é um cargo de confiança da mãe, é ela que diz quem é o pai do seu filho — pelo menos era assim até o advento do teste de paternidade pelo DNA.

Homem é tudo igual, a mulher é sempre diferente

Imagine um casal preparando a cerimônia do casamento. Quando o noivo convida um amigo para ser padrinho, a primeira pergunta do amigo é com que roupa deverá ir. Se todos os outros padrinhos forem de traje esporte ele também irá do mesmo modo; se todos forem com traje a rigor, é assim que ele irá. O padrinho vai se sentir constrangido se estiver diferente dos outros, ele que ser *igual*.

O nó e o laço

Homem é assim mesmo: tudo igual, gosta de futebol, guerra, esportes, tudo coisa que tem a ver com uniforme, todo mundo vestido do mesmo jeito.

Agora, quando a noiva convida a amiga para madrinha, já vai avisando com que cor de vestido estarão as outras madrinhas, para que nenhuma cor se repita. O noivo não entende como duas madrinhas com vestidos no mesmo tom de vermelho podem acabar com um casamento, mas a noiva entende, e teme.

Mulher é singular, não existem mulheres, existe *cada* mulher, uma diferente da outra. Aliás, uma mulher não é igual nem a ela mesma, porque dependendo do dia é outra completamente diferente. Olha lá no altar, os homens vestidos todos iguais, e as mulheres todas diferentes. E esse casamento entre a simplicidade e a complexidade não se dá apenas no altar, ele se estende pela vida afora.

Um exemplo disso é a uma mulher chorando: o homem acha que a mulher precisa de motivo para chorar. Diante da amada em prantos se apressa a perguntar o que foi que aconteceu. Geralmente a resposta é "nada, não aconteceu nada". "Então o que foi que eu fiz?" ele insiste. Você não fez nada. E soa o alarme dentro da cabeça do homem: se ela está chorando e não fui eu, foi outro.

Bem, pode ser, mas muitas vezes não foi ninguém, não foi nada, às vezes uma mulher simplesmente sente vontade de chorar e chora — nem ela sabe a razão, é assim. O homem é que não entende que mulher não precisa de motivo para chorar.

O fenômeno do choro é misterioso, não significa que alguém está triste, não necessariamente. As lágrimas possuem uma função muito estranha, sempre que algo em seu coração for demasiado, a ponto de não poder ser expresso pelos meios normais, as lágrimas surgem como um método de emergência. Portanto, elas devem significar qualquer coisa.

Homem e mulher: o rio e o mar

O homem é retilíneo, a mulher curvilínea — isto é o que se evidencia quando observamos o trajeto que homens e mulheres fazem quando visitam um *shopping center*. Os homens entram e vão direto às lojas que vendem o tipo de produto que estão procurando; já as mulheres costumam fazer trajetos aleatórios, passeiam por caminhos circulares, passam várias vezes pelas mesmas lojas antes de resolverem fazer a compra.

Para além do padrão de consumo (que não é nosso objetivo neste livro), homens e mulheres também apresentam um padrão retilíneo e curvilíneo, respectivamente, em muitos outros domínios, tais como o enamoramento, a busca pelo objeto de desejo, a forma do gozo sexual, o jeito de raciocinar sobre a vida e sobre os problemas — e mesmo no estilo de conversar.

Os homens costumam ir direto ao ponto, dizem claramente o que querem e vão logo metendo a mão, de uma forma tão direta e apressada, que às vezes vira grosseria. As mulheres também conseguem o que querem, e como!, mas por caminhos mais tortuosos, sutis. Através de uma certa magia sedutora, fazem o objeto vir até elas. A mulher atrai, e o homem vai, às vezes na ilusão de que foi ele quem escolheu.

Muito provavelmente, esses comportamentos possuem raízes culturais. Na nossa sociedade é permitido, incentivado e esperado que o homem seja assim: proativo, eficiente e fálico, enquanto para as mulheres foi criada uma imagem mais passiva, mais receptiva. Mas isso está mudando, e hoje assistimos a um número cada vez maior de mulheres subvertendo esse padrão ao partir direto para seu "objeto de desejo".

Esta mudança de comportamento, além de não passar despercebida aos homens até os assusta em certas circunstâncias. Eles não estão acostumados e sentem ameaçado seu papel de dominador e controlador da relação. Há, entretanto, aqueles que gostam dessas mudanças e delas desfrutam.

Mas como tais mudanças não se generalizam da noite para o dia, talvez ainda seja válido pensar nestes parâmetros de *direto-e-reto* para o masculino e *curvilíneo-e-tortuoso* para o feminino. Basta ir a uma festa de adolescentes e observar como os meninos ainda gozam desse privilégio (ou responsabilidade) de iniciar o encontro.

Na maneira de conversar, homens e mulheres também são diferentes. Certa vez um marido reclamou de sua mulher: "Mas você nunca me disse que estava insatisfeita". Ela, de pronto, retrucou: "Eu disse, você que não entendeu!". O homem, mais acostumado a uma forma de dizer clara e objetiva, tem dificuldade de entender a linguagem cifrada, subliminar, sutil que as mulheres costumam usar. É claro que esse espanto do marido também poderia ser explicado de uma outra maneira. Ele não quis ver que a esposa estava insatisfeita; ou, o que é um pouco mais complicado, nem ela mesma sabia que estava insatisfeita.

No campo específico do gozo sexual, do orgasmo, esta polaridade retilíneo-curvilíneo também é relevante. Se se acreditar nos sexólogos e psicanalistas, o gozo masculino é *genitalizado*, objetivado, e pontual, é uma descarga — como um rio a desembocar no mar. O orgasmo feminino, por sua vez, é uma onda que transborda, espraia-se por todo o corpo e não apenas na genitália; no homem o gozo seria convergente, na mulher divergente.

Ou será que tudo isso não passa de mais uma das idealizações machistas de nossa cultura sobre os mistérios da sexualidade feminina?

O jeito masculino de ser, de buscar conhecimento e de resolver problemas é direto e objetivo, baseia-se em axiomas, medidas exatas, correções de rumo, e grandes verdades que podem ser generalizadas para o máximo de situações possível — é o próprio modelo de ciência. Na psicanálise, esse jeito de funcionar na vida é chamado de *fálico*.

O jeito feminino faz tudo isso, também trabalha com as significações fálicas, mas não fica nisso, sabe que muitas vezes a verdade não é única e o que conta, mesmo, é algo mais além, ou mais aquém (chamado desejo) que, por sua vez, é sempre desejo de outra coisa, numa infindável cadeia que nunca acaba —, é o próprio modelo da arte. Na psicanálise, esse jeito de funcionar, por falta de uma palavra exata que o denomine, é chamado de *outra coisa*.

Outra coisa...

Dizer que a mulher é *outra coisa* não significa que ela é o contrário, ou o avesso, ou o negativo do homem, é simplesmente outra coisa. A mulher não seria um homem sem isso ou aquilo, seria *outra coisa*. Se digo, por exemplo, que o homem é ativo e a mulher passiva, isto não nos leva muito longe, não esclarece quase nada. Raciocinar em termos de atividade ou passividade é característica do modo fálico de pensar que funciona com equações, com comparações, com exatidões matemáticas, portanto ainda estamos no registro do fálico, do masculino, e a feminilidade — vamos insistir — é outra coisa.

Sim, esse negócio de outra coisa é confuso mesmo. Acontece que esta forma de raciocinar é antinatural; a tendência de nossa mente é sempre buscar o oposto, o contrário, a contrapartida, é comparar para conhecer, e como isso não funciona para entender o feminino, acabamos enredados numa grande falta de clareza. Mas a confusão não é acidental, pois queremos entender de modo claro (ou poderíamos dizer, algo que não funciona segundo as leis da claridade fálica) o feminino. É porque nossa mente é *naturalmente* fálica que é tão difícil entender o feminino.

Também em outros campos, que não o da questão amorosa propriamente dita, encontramos esse embate entre o fálico e a "outra coisa": a medicina é mais masculina em sua objetividade certeira a curar pela extinção pura e simples dos sintomas, enquanto a psicanálise é mais sutil e feminina em sua insistente escuta do sintoma fazendo-o falar, e falar, e falar. É que através deste falar se chega à borda de outras coisas.

Discutir a relação?

Mas voltemos ao campo dos relacionamentos amorosos. Deve ser por causa dessa objetividade fálica que a maioria dos homens detesta ficar discutindo a relação, já que essa história de discutir a relação raramente chega a alguma conclusão ou resolve algum problema. O engano é achar que quando uma mulher quer discutir a relação é porque ela quer resolver um problema. Na maioria das vezes, não: ela quer apenas conversar para se relacionar, para sentir que há uma ligação íntima, e não para resolver um problema específico. Isso foi apenas o pretexto, o mote para o verso. Já o homem supõe que conversa serve para resolver problemas. É um nó.

Homem se realiza, mulher se relaciona

Os homens focalizam as realizações, pensam em termos de poder, são competitivos, funcionam no reino do sucesso e de seus correlatos como fraqueza e fracasso, são muito bons para resolver problemas, fazer coisas, alcançar objetivos e competir. Entretanto, naquelas situações da vida quando nada mais pode ser feito, quando não há com quem competir, quando não existe objetivo algum para ser alcançado, geralmente o homem se sente perdido e angustiado.

Parece que a mulher suporta melhor essas situações, talvez porque, apesar de não haver nenhuma luta a ser travada, ainda há relações a serem vividas, e as mulheres são muito interessadas e eficientes em termos de relações humanas, de qualquer tipo. Os soldados vinham primeiro e conquistavam as novas terras, depois vinham as mulheres e a família para a colonização dos novos domínios.

Se os homens precisam sentir-se conquistadores, donos da situação, poderosos, as mulheres não costumam ter problemas em conceder-lhes essa ilusão, essa aparência de poder, já que elas mesmas não precisam funcionar e responder ao impulso fálico que rege o mundo masculino. Parece que *há vida e poder além do falo*; os homens é que não descobriram isso, ou simplesmente nem chegam a entender os mistérios do poder contido no feminino. Este é um campo ainda não conquistado.

O homem tem uma tendência para encontrar respostas que se ajustem perfeitamente às perguntas, e a mulher, porque não consegue isso, ou porque desconfia de respostas tão certinhas assim, suporta mais as incertezas e assim sustenta por mais tempo as perguntas em aberto. O mundo masculino tem referências claras como as margens de um rio, e o mundo feminino de que referências dispõe já que é mar? *Pense: quantas margens tem o mar?*

O mistério feminino

Desde tempos muito antigos, o homem procura conhecer a mulher, e nessa busca o feminino costuma ser concebido a partir da incontornável oscilação entre o culto da mulher como mistério-enigma, e o ódio à mulher como mistificação-mentira, mas estas duas posições só servem para alimentar o desconhecimento do que constitui a verdadeira natureza da feminilidade, pois postulam, todas as duas, que a mulher é como um esconderijo que dissimula alguma coisa.

O fato é que o resultado dessa jornada humana em busca do conhecimento sobre o feminino é mesmo o desconhecimento. Na civilização, segundo a psicanálise, falta um nome apropriado para designar a essência da mulher, para designar a forma de satisfação feminina, já para o homem o nome é *falo*, por isto que se diz que a mulher está fora da linguagem — o que evidentemente nada tem a ver com o uso que a mulher faz da linguagem, ou seja, com o gosto que a mulher tem para falar, e sem dúvida o tem.

A psicanálise, que estuda a fundo a alma feminina, aponta uma série de caracteres particulares no modo de escolha amorosa feminino, no desdobramento do órgão sexual e no modo de satisfação da pulsão, mas mesmo assim não chegou a formular a especificidade da sexualidade feminina.

Em uma fase tardia de sua obra, Freud chegou a escrever que o feminino é um continente negro, e duvidou que fosse capaz de compreender os meandros da alma da mulher. Isto que para alguns seria um "claro nocaute teórico", pode ser mais bem entendido como o sábio reconhecimento de que o conhecimento sobre o feminino, como insiste Lacan, nunca é total, nunca é definitivo, e que a maneira possível de se conhecer o feminino é pelas bordas — já que o suposto buraco negro da feminilidade não se presta mesmo a ser iluminado pelas luzes de uma racionalidade *fálica*.

Já que em volta do buraco, "tudo é beira", como disse o escritor Ariano Suassuna em entrevista, cabe a qualquer estudo sobre o feminino aprender a operar nas *bordas do conhecimento* e tirar disso toda a pouca clareza possível.

É que, se o homem não consegue conhecer o feminino, também não consegue simplesmente *declará-lo desconhecido* e deixá-lo "pra lá". A posição do homem é de insistência em relação à mulher, ele insiste em conhecê-la, insiste em colocá-la nas palavras, insiste em seduzi-la, insiste, até descobrir que embora seja muito mais fácil amar uma mulher do que conhecê-la, *ainda assim não pode parar de insistir.*

O homem e o mistério feminino

O próprio trabalho da psicanálise, que realizamos diariamente nos consultórios, não deixa de ser uma insistência em *fazer falar e ouvir*, acreditando que, assim, ajudamos a inventar um nome para o que está fora da linguagem. E isso não se faz rapidamente, é preciso falar muito perseguindo-se esse objetivo. É por isso que se fala tanto em uma sessão de análise.

Se, no início, a psicanálise perguntou "O que quer uma mulher?", hoje acrescenta uma outra pergunta: "Por que *tanto* queremos saber o que quer uma mulher? Para os psicanalistas lacanianos, os homens querem saber para se adequar, para, ao dar o que quer a mulher, tê-la — este é o sonho do sedutor.

Em resposta à segunda pergunta acima, o homem vai descobrir que quando possui uma mulher pode até possuir a pessoa e o corpo da mulher mas não possui seus desejos, seus apetites, pelo menos não constantemente ou garantidamente. A mulher nunca é toda dele todo o tempo, há sempre um gozo que é subtraído ao parceiro. Para um homem a mulher surge sempre como um ser dividido, com a duplicidade de um ser que ora busca com avidez o gozo sexual, ora se recusa totalmente ao homem.

O homem não é exatamente ingênuo, ele descobre, cedo ou tarde, que a mulher funciona de uma maneira diferente da sua; isso não é todo o problema, a questão mais importante é que ele não consegue definir com exatidão como é essa maneira de funcionar do feminino.

O mistério do feminino aparece no casamento de muitas maneiras. Aqui, a título de exemplo, vejamos como ele surge na questão da frequência das relações sexuais. Já é prosaica, se não folclórica, a ideia de que o homem está sempre pronto para o sexo, e a mulher, não, precisa ser seduzida.

Ele sim, ela não

Na maioria dos casamentos, pelo menos no começo, é mais ou menos assim: o homem quer sexo a toda hora e a mulher, não. Isto significa que ela não gosta de sexo, que tem dificuldades sexuais? Nada disso, se fosse assim não haveria mistério, seria apenas um problema. Ela quer sexo sim, mas não a toda hora e nem em qualquer hora determinada. Há a hora, mas não se pode saber antecipadamente que hora é esta. Nem a mulher sabe sobre a hora de sua sexualidade, nisto reside uma das facetas do desejo feminino. Os mal-entendidos do amor, os nós, devem muito a este desconhecimento sobre o desejo feminino acrescidos das ilusões do narcisismo masculino.

Quando uma mulher se faz bonita, o homem quase que instintivamente imagina que é para ele que ela se exibe (e não deixa de ser), mas quase sempre há algo a mais que ela quer, e que não é o que o homem *imagina que ela quer*. Por exemplo, quando uma mulher se veste deixando à mostra certas partes de seu corpo isso não quer dizer, necessariamente, que ela deseja que um homem a aborde propondo sexo, e ela pode até ficar ofendida se isto acontecer. Mesmo o simples olhar do homem, se muito direto, faz a mulher rapidamente puxar a blusa um pouco mais cima, tentando encobrir aquilo que ela mesma desnudou propositadamente.

Se não era pra ser visto, então por que desnudou? É que o desejo feminino raramente é tão direto quanto a imaginação masculina e, além disso, uma mulher nunca é tão desejada como quando ocupa um lugar intermediário entre presença e ausência — esse lugar de espera onde, literalmente, ela *está presente enquanto ausente*.

Para a psicanálise atual é preciso questionar não apenas sobre o que faz a feminilidade ser um enigma, mas também sobre o que poderia nos induzir a cultivar semelhante enigma em vez de resolvê-lo. Talvez a relação entre homens e mulheres dependa mesmo de que não se levante este véu que encobre este mistério. Se o desejo da mulher permanece sempre uma questão, isso não impede que cada um dos parceiros tire proveito dessa questão.

Observemos o que acontece, quando em nome de uma sinceridade idealmente total, os parceiros resolvem sair do semblante e dizer toda a verdade: "Vemos um homem que costuma queixar-se de que as mulheres não lhe manifestam bastante seu desejo, que elas escondem dele a essência de seu gozo, até mesmo lhe mentem quanto à sua existência ou intensidade. Se uma mulher, em resposta a estas queixas

Os meninos brincam, as meninas tramam

resolve lhe manifestar um desejo sem rodeios ou lhe disser de seu gozo em termos crus, veremos este homem, presa do pânico ou da repulsa, pôr-se em fuga". Diante disso fica a questão: devemos levantar este véu do mistério da feminilidade, ou devemos mesmo nos contentar em apreender as razões que o sujeito tem para manter este véu?

Dizem que a vida é bela porque há muita coisa que não pode ser explicada. Seria mesmo um desastre se a vida consistisse somente de coisas que podem ser explicadas. Se tudo pudesse ser explicado, então não haveria mistério, poesia, segredo. A vida só não é um tédio porque existem dimensões nela que você pode seguir explorando, e mesmo assim nunca chegar às explicações. Você pode até experimentar muito, e mesmo assim, aquilo que você experimentou pode não ser traduzido em palavras.

Dissemos na introdução que o amor não desata os nós, agora deveríamos acrescentar que a verdade também pode não desatar inteiramente os nós. Isso é um paradoxo desconcertante, nem o amor nem a verdade nos livram inteiramente dos nós. Então nos resta viver a vida, o amor e o casamento, aprendendo a atravessar os nós, afrouxá-los e transformá-los em laços.

Homem é assim, mulher é assado, e daí?

Afinal, para que serve mesmo toda esta enumeração de diferenças entre homens e mulheres? Será que tem alguma utilidade, *ou tudo não passa de uma generalização*, já que na prática existem muitos homens e muitas mulheres que não são assim como descritos até aqui? Se no fundo, o que conta mesmo em um relacionamento é *como é* aquele homem singular e *como é* aquela mulher singular, então para que serve ficar anunciando as diferenças genéricas?

Vamos começar declarando para o que elas *não* servem. Em primeiro lugar não servem para prever o que vai acontecer no relacionamento porque as pessoas são muito complexas, funcionam a partir de um jogo de influências e de desejos que vai muito além dessas diferencias típicas de cada gênero.

Em segundo lugar também não servem para justificar os comportamentos individuais. Na vida não funciona dizer que eu fiz isso porque afinal é assim que os homens, ou as mulheres fazem. Isso seria uma tentativa ingênua de *desresponsabilizar-se* pela sua maneira de levar a vida, já que cada um é responsável, sem desculpas, pelo seu desejo e pelo caminho que escolhe seguir. O aparato biológico e genético, bem como as experiências infantis e influências sociais, criam apenas uma potencialidade virtual, um campo de possibilidades que cabe a cada um, individual e solitariamente, concretizar através de suas escolhas, conscientes ou inconscientes. Também não vale dizer *eu não fiz isso*, foi meu inconsciente já que cada pessoa é responsável tanto pelo seu consciente como pelo seu inconsciente.

Independe da orientação sexual

Se as diferenças explicassem e justificassem tudo, o casamento entre pessoas do mesmo sexo seria uma maravilha, e não é isso o que observamos. Os casais homossexuais padecem das mesmas diferenças e agruras que os heterossexuais. Sempre há um dos dois que é mais racional, que é mais emotivo, que goza de um jeito diferente, que se liga nos detalhes mais que o outro, que gosta de conversar mais que o outro, e por aí vai. O que acontece é que na verdade, a diferença não é entre homem e mulher, mas entre as pessoas. As duas pessoas que estão se relacionando são diferentes, amam, pensam, vivem e se comportam de maneira diversa.

O nó não é entre o homem e mulher, mas entre o "eu" e o "outro"...

Esta é a verdadeira encrenca dos relacionamentos. E é importante registrar que a diferença que conta mesmo não é uma diferença anatômica. A obra freudiana mostra precisamente que não há *natureza* do feminino e do masculino, já que as considerações anatômicas não são de muita ajuda. As constatações possíveis de se fazer, pela observação do exterior bem como do interior do corpo humano, são de pouco valor, pois o que se trata de apreender não é uma diferença entre órgãos e cromossomos, mas uma diferença de sexos para além da materialidade da carne.

Apenas para mencionar, ou talvez para complicar, lembremos que uma pessoa sozinha também tem seus conflitos, também tem problemas de relacionamento consigo próprio (a). Mesmo quando o mundo está a seu favor pode ser que você não esteja a seu favor. O ser humano não está livre dos nós nem quando está sozinho. Um paciente me disse: "Na vida, a minha luta é imensa, é primeiro comigo mesmo" — Mas isto é outra história, é o nó de cada um de nós.

Ah, as diferenças

Como sem essas diferenças o amor e o casamento seriam muito tediosos, então as diferenças efetivamente servem para alguma coisa. Antes de tudo, são ideias bastante interessantes que abrem novas maneiras de se lidar com as dificuldades de relacionamento entre homens e mulheres, e também servem de matéria-prima para a conversa amorosa, como pretexto, como aquecimento para temas mais particulares e individualizados dentro da relação.

Acima de tudo, as diferenças são divertidas, e conseguem afrouxar um pouco a tensão dos nós, através do antagonismo, que, como expusemos atrás, mais aproxima do que afasta: de modo geral tanto os homens quanto as mulheres gostam de brincar com essas diferenças, e todos sabemos a importância das brincadeiras entre meninos e meninas, entre homens e mulheres .

RELEMBRANDO

Os meninos brincam, as meninas tramam

1. Diferenças entre homens e mulheres fazem o nó.
2. Essa história das diferenças não é filosofia, é fisiologia.
3. O mais importante são as diferenças na psicologia e na sexualidade: eles pensam, sentem, falam, amam, gozam e sofrem de maneira bem diferentes, no mais são iguais.
4. Mulher é singular, não existe "a mulher", existe cada mulher, uma diferente da outra, e diferente dela mesma.
5. O que quer uma mulher? Ninguém sabe, nem ela.
6. O nó deve muito a esse desconhecimento do desejo feminino acrescido das ilusões do narcisismo masculino.
7. Cuidado, as diferenças não devem servir de justificativa para tudo.
8. Além do mais o nó não é apenas entre homem e mulher, mas entre o "eu" e o "outro".
9. A diferença não é para ser resolvida, igualada, é para ser vivida, curtindo a parte boa e tolerando a parte complicada.

Tem gente

Tem gente que ama, e tem gente que ama um pouco mais.
Tem gente que é homem, e tem gente que é mulher.
Tem gente que gosta de falar, e tem gente que fala um pou-
co menos.
Tem gente ciumenta, e tem gente um pouco mais ciumenta.
Tem gente que gosta de transar à noite, e tem gente que
gosta pela manhã.
Tem gente que brinca, e tem gente que é séria.
Tem gente sabida com cara de boba, e tem gente boba com
cara de sabida.
Tem gente segura, e tem gente insegura.
Tem gente que cala, e tem gente que grita.
Tem gente que olha, e tem gente que disfarça.
Tem gente carinhosa, e tem gente muquirana.
Tem gente triste, e tem gente alegre.
Tem gente que goza, e tem gente que se enrosca.
Tem gente que briga, e tem gente que vai embora.
Tem gente que é fiel, e tem gente que trai.
Tem gente culpada, e tem gente desencanada.
Tem gente que tem filhos, e tem gente que não tem.
Tem gente que gosta de motos, e tem gente que gosta de livros.
Tem gente que dorme abraçada, e tem gente esparramada.
Tem gente que gosta de ar condicionado, e tem gente friorenta.
Tem gente de tudo que é jeito
e essa gente tão diferente
se apaixona, quer viver junto,
e se casa: é o nó.

A magia das palavras

"Lutar com palavras
é a luta mais vã.
Entanto lutamos
mal rompe a manhã.
São muitas, eu pouco."

"O Lutador" Carlos Drummond de Andrade

O amor é sempre a três: é ele, ela e a palavra

Você se lembra do dia em que começou o namoro? De um modo geral, os relacionamentos começam a partir da atração, que leva a uma aproximação, que vira uma conversa na qual o assunto não importa muito, e então as pessoas começam a fazer coisas juntas; sair, jantar, ir ao cinema, programas com os amigos, sexo, viagens etc. Mas o namoro mesmo ainda não existe porque é possível fazer tudo isso, inclusive o sexo e o amor sem que se estabeleça uma relação mais íntima.

Muitas vezes, amamos à distância e por longo tempo, sem que o outro sequer desconfie, então não é o amor nem o sexo que marcam o começo do namoro, que só começa mesmo naquele dia que um dos dois tem a coragem (sim, porque sem dúvida é preciso coragem para correr tamanho risco) de fazer a perguntinha de ouro. Meio constrangido, sem saber direito como começar, um dos dois ousa perguntar:

"Mas... e nós, ? — O que é que está acontecendo com a gente?"

Foi aí, foi esse o dia em que começou o namoro, o dia em que entrou na jogada a palavra. Parece que para o ser humano *não basta amar, é preciso falar*, e não fosse assim não existiriam tantas canções sobre o amor e tampouco existiria a poesia.

O que começa o namoro é a palavra, os corpos fazem sexo, filhos, dão prazer, e um monte de coisas. Mas o que faz o casamento é a palavra, e dela o **sim** do ritual cristão do casamento é um interessante exemplo, acompanhado do dramático *"Fale agora ou cale-se para sempre."*

O casamento é antes de tudo um ato verbal.

Talvez algum leitor queira argumentar que na verdade é só a tendência a rotular que as pessoas têm, mas não é nada disso. Mesmo quando os dois amantes não querem dar nome algum para o relacionamento, e menos ainda desejam se casar, ainda assim gastam bastante tempo *falando* que não vão fazer isto, explicando aos outros, ou mesmo se explicando um ao outro, que o importante não é o nome, e sim, a relação, o amor, o carinho. A questão não é se tem nome ou deixa de ter nome, a questão é que, no amor, como nas coisas importantes, o ser humano tem uma tendência irresistível para colocar em palavras o que está vivendo, "nem tanto pelo encanto da palavra, mas pela beleza de se ter a fala" como diz a canção de Renato Teixeira. Viver e amar não basta, é preciso falar. O ser humano é um apaixonado pela palavra.

O fim também em palavras

E não é só no começo de uma relação que as palavras são importantes. Quando é que a gente sabe que uma relação terminou de verdade? Seguramente não é quando as pessoas se separam fisicamente, ou mesmo judicialmente, porque para muitos é justamente aí, pela ausência, pela falta é que se evidencia a força da ligação afetiva com o outro.

Os primeiros tempos de uma separação são momentos de intensidade, de sofrimentos, brigas, discussões, de muitos pensamentos e muitas conversas com o outro, ou sobre o outro, em sua presença ou em sua ausência. Porém o tempo passa, e chega um dia (às vezes não chega nunca), que não se tem mais nada a dizer para o outro, ou sobre ele, nada amoroso nem nada raivoso.

Não é quando o amor acaba que termina uma relação, mas quando acabam as palavras, instalando-se um estado de certa indiferença no qual inexistem intenções de palavra em direção ao outro. É no silêncio que termina uma relação amorosa, embora, é claro, nem todo silêncio signifique o fim da relação.

É muito difícil ficar bem, e em silêncio, ao lado de alguém. Isso só acontece quando somos muito íntimos, ou quando somos efetivamente estranhos. Deve ser por isso que o silêncio é constrangedor quando acontece com pessoas que estão apenas começando a se conhecer, e ainda não são íntimos a ponto de haver silêncio. Ou quando acontece com pessoas que estão começando a se afastar, estão perdendo a intimidade silenciosamente.

Sobre esses silêncios é interessante notar algo que acontece nos restaurantes: alguns casais, não encontrando mais o que dizer um para o outro, entregam-se a um pequeno jogo de observar o que acontece nas mesas ao lado e ficam em silêncio. O que será isto, intimidade ou distanciamento?

Palavra e amor

Uma das teses deste livro é a ideia de que o amor tem tudo a ver com a palavra, ou a palavra tudo a ver com o amor. Mesmo quando ausente, a palavra é importante já que os amantes, envolvidos em outras formas de contato, se surpreendem por não precisarem dela. No amor, ausente ou presente, a palavra é notada e sua participação depende do momento. Nos primeiros encontros, por exemplo, a palavra é buscada como forma de aproximação, e é interessante notar como os tímidos deixam até de se aproximar de alguém por não saberem o que dizer, por não saberem como começar uma conversa, por acharem que não têm palavras para aquele instante. O fato é que a palavra está sempre presente na relação amorosa, tanto no início como no fim, tanto nos bons, como nos maus momentos, onde ela é, sem dúvida, menos prazerosa, mas não menos necessária.

A magia das palavras

Cabe notar, porém, que a palavra não tem no amor a função de revelar a verdadeira natureza desse sentimento humano; ela não consegue isso, embora os poetas e os filósofos não se cansem de tentar. Não podemos nem mesmo achar possível colocar o amor em palavras, pois, como disse um amigo meu, médico neurologista, "Existem duas coisas em relação as quais só se faz autópsia, nunca biópsia: o cérebro e o amor".

A palavra serve não para explicar o amor, mas para ajudar o amor a virar um relacionamento satisfatório. A palavra não é um luxo do ser humano, é o que o faz humano, é o que o distingue dos outros animais. Do ponto de vista físico, mais exatamente fisiológico, o corpo de um homem e de um porco, por exemplo, são muitos semelhantes (proteínas, carboidratos, lipídeos, músculos, veias etc...) a ponto de ser possível o transplante de órgãos entre eles. Mas a palavra só o homem possui, esta é sua marca registrada. Esta relação do homem com a palavra é tão visceral que há quem diga que a palavra é que é a alma do homem.

A língua dos homens

O que estamos enfatizando é que a palavra tem tudo a ver não apenas com o amor mas com todo e qualquer relacionamento humano. Para começar foi em uma relação que todos nós aprendemos a falar. A fala não é algo natural no ser humano, não está programada no nosso DNA, é algo a ser desenvolvido na relação com aqueles seres que cuidam da gente nos primeiros tempos da nossa vida.

Pense um pouco na seguinte questão: qual língua falaria um bebê que ao nascer fosse colocado em uma sala com todas as conveniências necessárias, tais como alimento, proteção, higiene etc., mas sem qualquer contato com um ser humano? Falaria uma suposta língua humana? Provavelmente não falaria, ou então falaria a língua das máquinas que cuidavam dele fornecendo alimento, ou seja, faria barulhos, essa seria sua língua *materna*. Aquela história de Tarzã ter sido criado por macacos desde pequeno e ainda assim falar inglês, já adulto, é mesmo apenas pura invenção literária, nunca seria assim.

Outro dia, em uma palestra, enquanto eu apresentava esta ideia de que o que separa os homens dos outros animais é a fala, alguém se lembrou do papagaio e argumentou que ele também fala. Inicialmente parecia que essa afirmação destruiria o meu argumento tão bem urdido. É claro que o papagaio fala, mas ele só tem a fonologia, não tem simbologia, o papagaio repete sons, mas não cria conceitos nem consegue colocar a palavra no lugar da coisa a que se refere.

E a palavra é exatamente isto, a marca da ausência da coisa. Se a coisa está presente, você não precisa da palavra para se referir a ela, basta o gesto de apontá-la ("Sente-se aí, meu amigo!"). Agora, quando a coisa não se encontra no campo perceptivo, precisamos de um símbolo para ela, e a palavra tem sido o símbolo de maior sucesso na história do homem: a palavra cadeira, por exemplo, com seu som e seu registro escrito.

A magia das palavras

Viajar sozinho costuma ser uma coisa muito chata, e uma das razões é que você não tem ninguém com quem falar sobre as coisas legais que você está vivendo. Imagine você e seu (sua) amado (a), no alto de uma montanha, olhando o lindo pôr-do-sol à sua frente. Depois de alguns minutos de silenciosa contemplação, você quebra o silêncio e diz: "Amor, olha que coisa linda o sol".

Pense bem, por que você diz isso? Por acaso acha que seu amado é cego e não está vendo o enorme sol a sua frente? Ou que é um insensível e não está curtindo esta cena tão bela? Não, claro que não é por isso; você faz o comentário apenas porque precisa dizer, nada mais, é uma *questão de necessidade*, não de comunicação ou de informação.

É que, para o ser humano, não basta viver, *é preciso existir nas palavras*, não basta gozar, é preciso falar. Para algumas pessoas, a relação sexual é tanto melhor quanto mais falada for, o tesão está tanto em tocar como em dizer que está tocando, é quase uma necessidade de narrar a transa. Sobre isso escreve Roland Barthes: "A linguagem é uma pele, esfrego a minha linguagem no outro. É como se eu tivesse palavras em vez de dedos, ou dedos na ponta das palavras. Minha linguagem treme de desejo"[17]. Por que será?

Provavelmente porque nós, seres humanos falantes, somos seres simbólicos, e os símbolos têm valor de real, as vezes até mais do que o próprio real. Já notou que existem mais nomes do que coisas no mundo?

---

[17] BARTHES, Roland. *Fragmentos de um discurso amoroso.* São Paulo: Martins Editora, 2003.

Um amor de palavras

Ela mesma ia fazer o presente de aniversário, pensou Regina diante da dificuldade de encontrar nas lojas algo que realmente desejasse dar de presente ao seu marido no aniversário dele que se aproximava. E foi exatamente isso que ela fez. No dia do aniversário, entregou a Renato, seu marido, um bonito pacote. Quando ele abriu, encontrou um calhamaço de umas quatrocentas folhas de sulfite primorosamente encadernadas em um volume de couro verde: eram os e-mails trocados pelos dois durante os três anos de namoro e os oito meses de casamento.

Regina estava descobrindo que não basta amar, é preciso falar, é preciso colocar em palavras, seja de que jeito for.

Contam que certa vez se encontravam em uma ilha deserta dois sobreviventes de um naufrágio, um homem e uma mulher muito bonita. Nos primeiros dias, ela não dava a mínima para o sujeito, mas conforme o tempo foi passando as coisas começaram a acontecer e os dois acabaram por se envolver em uma tórrida paixão sexual. Nos dias seguintes, o homem disse para a mulher que tinha uma fantasia e queria que ela o ajudasse a realizá-la. Imaginando algo realmente erótico, a mulher topou. O homem então a levou para o outro lado da ilha, para a praia na qual tinham chegado vários objetos vindos do navio naufragado. Ele escolheu um vistoso terno masculino e pediu para que ela o vestisse e fingisse ser um dos passageiros do navio, o amigo com o qual ele tinha iniciado a viagem. Ela achou um pouco esdrúxula a fantasia, talvez até algo homossexual, mas era uma mulher moderna e então fingiu ser o amigo. O homem, então, se aproxima do amigo e depois de um efusivo abraço de reencontro, comenta: "Eu preciso te contar uma coisa: adivinhe com quem eu estou saindo?".

Somos assim mesmo, precisamos colocar em palavras, precisamos falar, senão não tem tanta graça. E se, no extremo, não tivermos ninguém para falar, haveremos é de falar sozinhos.

Precisamos dizer mil vezes, e mais, que amamos alguém, e não dizemos isso apenas para informar o ser amado ou aos outros, mas para gozar deste dizer, é prazeroso dizer. Se não basta amar e é preciso dizer, também não basta ser amado, é preciso ouvir. Por exemplo, você sabe que seu marido a ama, então significa que ele não precisa mais dizer isto? Claro que não, ao contrário, ele tem que dizer, e muitas vezes, e de maneiras diferentes, porque é gostoso escutar *"Eu te amo"*. Seria interessante fazer um pequeno estudo dividindo as pessoas entre aqueles que gostam mais de *ouvir* e aqueles que gostam mais de dizer *"eu te amo"* e ver se isso corresponde a alguma característica psicológica.

Algumas pessoas deixam de pedir amor e carinho porque acreditam que o que é pedido não tem graça, não é espontâneo. Esta é mais uma ilusão do amor romântico segundo a qual o outro, se nos ama mesmo, deveria ser capaz de adivinhar nossas necessidades e desejos. Mas pense bem, se nem você mesmo sabe o que você quer de verdade, como é que o outro vai saber? É claro que é possível dizer o que se deseja sem palavras, existem muitas outras linguagens, como a linguagem do olhar, do toque etc, mas isto não resolve tudo.

Note-se também que quando não é possível falar para o amado, buscamos falar *do* amado e *sobre* o amado — e isso acontece tanto no começo quanto no fim de uma relação. É que precisamos contar ao mundo que estamos amando, ou que estamos sofrendo de amor, porque é também *pelas* palavras que a angústia de amar e não ser amado pode ser purgada. Para isso, elas também servem.

Um povo apaixonado pela palavra

O povo *Dogon*, de Mali, considera a palavra alguma coisa mais do que simplesmente um conjunto de sons dotado de sentido. Para eles a palavra carrega, além de seu significado, uma energia física que é liberada com seu pronunciamento; é portanto uma ação, um comportamento, e por isso eles são extremamente cuidadosos com o falar e o não falar.

A distinção ocidental entre atos e palavras não existe para os dogon, falar é um fazer que gera consequências concretas e não apenas simbólicas, da mesma maneira que empurrar, puxar, bater, acariciar etc... Na cultura Dogon as palavras têm qualidades e podem ser "podres", "mortas", "sem sementes" — que prejudicam quem as usa — ou

A magia das palavras

podem ser palavras com "perfume", "doçura", que purificam quem as utiliza. Eles possuem 48 tipos de palavras. A poeta e antropóloga Tereza Vergani[18] estudou o povo dogon. Muito interessante para o nosso tema da conversa amorosa é uma descrição que a autora faz sobre a cordialidade na sociedade dogon:

> "É impensável, por exemplo, que uma mulher passe por um campo onde um homem labuta sem lhe dirigir uma palavra de ânimo, de compreensão, de solidariedade. Negar a palavra a alguém é como negar-lhe água num deserto. Quem conhece a aridez desta zona de Mali compreende que, tanto a água como a palavra produzam o mesmo espanto festivo. O coração emudece-nos quando, depois de horas a atravessar a espessa solidão da areia, vemos de repente uma pequena e única árvore levantando-se milagrosamente na secura. E que dizer quando é um homem que surge subitamente da poeira branca levantada por seus pés? Poder pronunciar uma palavra no deserto transcende tudo que a natureza nos consiga vir a dar. É ai que a palavra nos aparece como a verdadeira fronteira entre o mundo natural e o mundo cultural: só aí sabemos e sentimos que a palavra está para o homem assim como a água está para a terra."

---

[18] VERGANI, Tereza. *Excrementos do sol: a propósito de diversidades culturais*. Lisboa: Pandora, 1995.

O nó e o laço

Para além do exótico e do pensamento mágico contido na cultura dogon, podemos observar na nossa sociedade que a *palavra* significa uma coisa no dicionário e pode ser outra bem diferente na boca de quem fala. Os poderes da palavra ultrapassam em muito sua dimensão semântica, ou seja, aquilo que elas significam. A consequência das palavras tem a ver com seu significado mas, às vezes, tem mais a ver com a forma com que são ditas. *"Você até que tem razão, mas o jeito como você fala..."*

Quem já não ouviu ou não fez esta queixa? O tom de voz, o olhar que o acompanha e a postura do corpo denunciam a intenção da fala que pode ser coerente ou contraditória em relação ao significado das palavras. Talvez devêssemos ser, na conversa amorosa, como os dogon são na vida: *cuidadosos.*

Teoria da comunicação entre dois

As teorias tradicionais sobre comunicação humana fazem pensar que ela é uma coisa simples: começa com um emissor que produz uma mensagem, que é enviada a um receptor e, pronto, está feita a comunicação. Tal modelo maquinal não se aplica muito bem à comunicação amorosa (na verdade talvez não sirva também para explicar a comunicação humana em geral...). No amor e no casamento, tudo se passa de forma muito mais complexa e complicada, são muitos os fatores que interferem.

Para começar, a conversa amorosa não é mera transferência de saber, de conhecimento, como poderia ser uma

A magia das palavras

aula ou uma apresentação em uma reunião de trabalho, ela é um encontro de dois sujeitos que buscam muito mais do que conhecimento, geralmente buscam a significação de significados, a gratificação de sentimentos, buscam poder, prazer e tantas outras coisas. A palavra, longe de ser meramente uma ferramenta de comunicação, revela-se instrumento de poder, de persuasão, de sedução, até de agressão.

A palavra tem a ver com conquista em todos os sentidos desse termo. Com raras exceções, a conversa amorosa é assimétrica. Os amantes encontram-se em posições desiguais em termos de sentimento, de necessidades e de oportunidades.

A circularidade, contrastando com a linearidade de emissor-mensagem-receptor, é outra das características desconcertantes da conversa amorosa, que pode ser descrita como uma rede sutil e complexa na qual cada elemento, objeto, assunto, situação cotidiana, pensamentos, comportamentos etc... só adquirem sentido, só funcionam quando ligados ao todo da relação.

Se pensarmos que a comunicação, uma vez estabelecida, difere do que era anteriormente, como dizem os teóricos — então a conversa amorosa na maioria das vezes nem é comunicação, já que é muito comum que depois de uma conversa amorosa as coisas continuem como eram antes. A conversa amorosa pode não resolver nada do ponto de vista mais objetivo — e tudo bem que seja assim, pois como já vimos, a conversa amorosa não serve apenas para resolver problemas, ou para se comunicar; ela se dá principalmente para criar laços ou nós, enfim, para gerar um sentimento de ligação com o outro.

Se o discurso científico precisa ser coerente, claro e inteligível, o mesmo não se deve exigir da conversa amorosa, que, por sua função de ligação, de "curtição", *precisa ser livre a ponto de ser confusa.*

A palavra pertence a quem escuta. Se a pessoa que fala constrói a mensagem, a pessoa que escuta a reconstrói. Para além do *"O que eu quis dizer"*, o que acaba determinando a conversa é o que o receptor entendeu. O que conta, em ultima instância na conversa amorosa, é se a pessoa escutou. Numa briga, os dois falam ao mesmo tempo, os dois dizem, mas ninguém escuta. A consequência disso é que, na conversa, além de dizer a pessoa tem que se preocupar em saber se o outro está escutando, senão é melhor deixar para dizer outra hora.

Difícil...

A dificuldade para se conversar é muito antiga, muita antiga mesmo. Trezentos anos aC, um chinês chamado Han Fei Tzu já se queixava de ser mal interpretado. Quando queria ser engraçado, chamavam-no de frívolo, se reclamava de algo parecia vitimoso; quando falava fora de hora era castigado. A cada hora, as pessoas achavam que ele era, alternadamente, arrogante, bajulador, confuso, desconfiado, covarde e muitas outras coisas.

Mas, apesar de tudo isso, Han Fei gostava de conversar, e chegou a escrever um livro intitulado *Indignação Solitária*, no qual dizia que sabia o que deveria ter feito, embora não tivesse conseguido fazê-lo: "O obstáculo à boa conversa, concluía ele, consistia em não conhecer o coração da pessoa com quem falava para poder adequar o modo de falar com ela.

A conversa amorosa é um caos, e não por falha do emissor ou do receptor, mas pela natureza do meio de comunicação (a palavra) e do tema a ser comunicado (o amor) que são, ambos, *incertos e múltiplos* em sua essência.

Pequena história da conversa

Paulo, engenheiro de 50 anos, casado há vinte e cinco com Patrícia, é um grande conversador, não só no casamento, mas em qualquer situação. Ele adora ficar "jogando conversa fora" com os amigos, com a família, e com a mulher. Para explicar esse gosto pela conversa, ele volta no tempo:

Aprendi a gostar de conversar na minha infância. Nasci numa pequena cidade do interior do nordeste e, como era hábito naquela época, de tardezinha, à boca da noite, meu tio colocava sua grande cadeira de balanço na calçada, rodeada de outras tantas cadeiras e banquinhos, e ficava esperando os amigos aparecerem. Tinha gente que vinha toda noite sem falta, tinha gente que só vinha de vez em quando, tinha gente que apenas vinha passando pela calçada e acabava ficando um pouco para a conversa. Conversava-se de tudo, meu tio era um homem muito inteligente e curioso, que se interessava por quase tudo, política, economia, literatura, e inclusive por metereologia.

Cresci em torno dessas conversas, que eu ouvia fascinado, no começo sem falar muito, pois, afinal, opinião de criança não era coisa muito valorizada, mas à medida que fui crescendo, peguei gosto pela coisa e passei a participar dos debates em que a conversa se transformava. Uma das coisas de que eu mais gostava eram as piadas, de todos os tipos, decentes, safadas, politicamente incorretas e por aí afora. Hoje, meu tio ainda está lá, tem bastante idade, mas ainda fica na calçada quando o sol se vai e o vento noroeste sopra de leve. Eu é que, morando agora na capital, já não tenho tanto tempo para acompanhar a prosa, mas tenho saudade.

O que acontece na conversa entre um homem e uma mulher são ecos de diferentes épocas, não só da história de vida dos dois, mas também da tradição cultural em que estão imersos. No livro *Uma história íntima da humanidade*, o historiador inglês Theodore Zeldin[19] define os marcos das mudanças que os sentimentos e as relações pessoais sofreram ao longo dos séculos. Dentre os diversos temas abordados no livro (misericórdia, ódio, felicidade, medo etc.) há uma que nos interessa particularmente, é a conversa. Sob o título "Como homens e mulheres aprenderam lentamente a ter conversas interessantes" ele esboça uma pequena história da conversa cujos principais pontos comentamos a seguir. Ele começa perguntando "Por que, após séculos de

---

[19] ZELDIN, Theodore. *Uma história íntima da humanidade*, Rio de Janeiro: Bestbolso, 2008.

A magia das palavras

experiência, os seres humanos continuam *ineptos, rudes e desatentos* na conversa, a ponto de 40% dos americanos se declararem tímidos demais para falar livremente?" Sua conclusão é que a arte da conversação ainda está na infância.

Na Pérsia antiga, o príncipe Kaikaus de Gurgan dizia que "um homem muito dado a falar, por mais sábio que seja, é incluído no rol dos tolos". Zeldin comenta que "a julgar pelo conteúdo dos livros de história, longa lista de grandes homens e seus grandes feitos, quase nada havendo sobre grandes conversadores, diríamos que o mundo concordou com as palavras de Gurgan".

Alguém poderia contestar esta afirmação, lembrando que a história da filosofia é repleta de grandes ideias e não de grandes feitos, mas estaria se esquecendo de que, com raras exceções, os filósofos mais ensinam do que conversam.

Silêncio eloquente e história da conversa

Malba Tahan, escritor brasileiro de origem árabe, bastante conhecido pelo seu livro *O homem que calculava*, conta uma história sobre a sabedoria do silêncio.

Certa vez, em Bagdá, um homem foi feito prisioneiro e passou vinte anos na cadeia onde, convivendo com prisioneiros de muitos outros cantos do mundo, teve tempo de aprender a falar em 17 idiomas. Ao sair da cadeia, esse homem raramente era visto conversando, estava sempre no meio das pessoas, observava e escutava muito, mas quase nunca falava. Resultado: foi considerado o homem mais sábio do mundo, pois era capaz de permanecer em silêncio em 17 línguas diferentes.

O nó e o laço

A filosofia oriental é pródiga em ensinamentos, exemplos e doutrinas, tais como o budismo, o sufismo e a meditação, que exaltam o valor do silêncio. No induísmo existe uma deusa da fala chamada Saravasti, mas essa deusa vivia apenas na língua dos poetas, e quando os seres humanos comuns falavam, a deusa gostava de fazê-los perceber que eles estavam querendo ser divinos.

Tudo isto faz Zeldin especular que no passado as pessoas falavam bem menos do que hoje. Será? Ele defende sua posição citando um viajante inglês do século XVI que fez observações sobre a taciturnidade dos camponeses franceses — num país cuja elite era famosa por sua verbosidade. Ele afirma também que este "silêncio camponês" pode ser "ouvido" em regiões da Finlândia, considerada o mais silencioso país do mundo. E diz um ditado francês que "uma palavra basta para causar uma porção de encrenca". Olhando para o Brasil, talvez pudéssemos afirmar que os habitantes de Minas Gerais haveriam de concordar silenciosamente, com em leve balançar de cabeça, com tal provérbio.

Mas a valorização do silêncio não é um privilégio de certas partes do mundo, acontece em todos os lugares, e mais: chega a ser um ideal de certas profissões e de muitas situações sociais. "Há muitas razoes para não se falar, acima de tudo o receio de passar por tolo" escreve Zeldin.

Aqui abrimos um pequeno parêntese para comentar um pouco a importância da tolice no campo amoroso. Não querer ser tolo no amor é quase tão ingênuo quanto não querer sofrer de amor, simplesmente não dá, ou seja, só tem um jeito de não parecer tolo nem sofrer no campo amoroso: é não amar. Por isso, há aquele ditado popular de que o "Amor é uma flor roxa que nasce no coração dos tolos." Se a conversa amorosa parece ser uma coisa ridícula, tudo bem, é normal, faz parte do amor. Ou, como diz Fernando Pessoa, como Álvaro Campos:

Todas as cartas de amor são
Ridículas.
Não seriam cartas de amor se não fossem
Ridículas.
(...)

Retomando a história da conversa, vamos encontrar na Grécia Antiga alguns elementos importantes. A invenção da democracia possibilitou que as pessoas dissessem o que pensavam e se exprimissem em assembleias públicas. Outra invenção grega importante foi a retórica, ou a *arte da persuasão* pela fala. Na retórica não é necessário conhecer o assunto em questão, ela é uma técnica de convencimento não pelo conteúdo do argumento mas pela lógica da fala. Esta capacitação para falar de modo persuasivo acabou se transformando em um tipo de campeonato intelectual de competição de oradores.

Mas a retórica ainda não era uma conversa, era sedução. Sócrates, sim, foi o primeiro "conversador" conhecido na história da filosofia; ele trocou a guerra de palavras pelo diálogo. Antes dele, o modelo para todo discurso era o monólogo: o homem sábio, ou o deus, falava e os demais escutavam. O método de Sócrates era outro. Ele vivia perambulando pelas praças e ruas de Atenas e quando encontrava alguém começava a fazer perguntas sobre coisas cotidianas; a partir de suas repostas fazia novas perguntas. Era mais ou menos assim:

— *O que você faz, meu amigo?*
— *Eu sou um mercador.*
— *E o que faz um mercador?*
— *Vende coisas de que as pessoas precisam.*
— *E o que é precisar?*
— *Bem, é o que todo mundo quer.*
— *E o que é o querer?*

Como podemos ver, Sócrates deveria ser considerado por muitos um chato, mas seu método funcionava, as pessoas aprendiam coisas por meio da conversa, sem que ninguém tivesse lhes ensinado nada. A originalidade do pensamento de Sócrates era a *proposição* de que uma pessoa não podia ser inteligente pelo seu próprio esforço, precisava que alguém a estimulasse. Dessa maneira se dois indivíduos alienados se reunissem, poderiam conseguir o que não conseguiriam separados: descobrir a verdade, a verdade deles. O método socrático é conhecido como o método do questionamento.

Na Idade Média, a conversa, como quase tudo naquela época, era mediada pela religião de modo que as pessoas falavam "com" Deus e "por Deus". Através da oração travavam com o Senhor uma espécie de conversa na qual um dos interlocutores não usava a linguagem das palavras, comunicava-se por meio de sinais que tinham de ser interpretados pelo outro interlocutor. Quando as pessoas conversavam entre si, o tema da conversa era sempre atravessado pelas crenças religiosas da mesma maneira que hoje em dia quase toda conversa é, de algum modo, atravessada pelos temas da ciência e da tecnologia.

A magia das palavras

Foi também no período medieval que floresceu uma forma de comunicação entre o homem e a mulher — que tem mais a ver como nosso tema do que a comunicação de dimensão religiosa. Foi o amor cortês, ou o amor do cavaleiro por sua dama. Nessa forma de encontro, o cavaleiro elegia sua dama e passava a cultuá-la de modo bastante idealizado, oferecendo-lhe seus feitos heroicos e dedicando-lhe canções que falavam sempre de pureza, beleza, e amor não sensual. Mas ainda não era uma conversa entre o homem e a mulher na medida em que geralmente só o homem tinha a palavra. À mulher cabia a sutil arte dos gestos e olhares.

Na época do Renascimento ocorreu uma revolução na história da conversa, e dessa vez foi uma revolução feita para as mulheres. Trata-se da entrada da conversa nos salões requintados da nobreza e da elite europeia. Uma senhora convidava pessoas para frequentarem seu salão não pela sua posição social apenas, mas porque tais pessoas tinham algo interessante a dizer e em sua presença a conversa parecia fluir melhor.

Foi uma época de valorização da conversa quando, diferentemente da disputa retórica, do questionamento socrático, ou dos monólogos medievais, a conversa de salão visava expressar ideias com elegância e — o que é muito pertinente ao nosso tema — misturava homens e mulheres na mesma conversa. Isso levou o gênero masculino e feminino e o intelecto a um relacionamento diferente, como enfatiza Zeldin:

Homens e mulheres aprenderam a se analisar mais pelo seu caráter do que por sua aparência, administrando suas diferenças de modo a tentarem compreender a si, e uns aos outros.[19]

Uma espécie de conversa ainda mais íntima se desenvolveu na Espanha do século XVIII, foi a arte de cochichar (*chichisveo*), caracterizada desta forma: uma mulher permitia a um homem, que não seu marido, o privilegio de falar-lhe a sós. Se os cavaleiros medievais realizavam grandes façanhas por sua dama, agora dava-se aos homens a oportunidade de mostrar sua perícia no campo das palavras.

A conversa, porém, sofreu entraves ao longo da história como, por exemplo, na Inglaterra do começo do século XX, quando algumas pessoas acreditavam *ser impossível* uma verdadeira conversa entre pessoas de classes sociais distintas, que presumivelmente não haveriam de se entender devido às suas diferenças culturais. Era o tempo da conversa elitista. "Em certos casos eu falei, em outros casos eles falaram, mas nunca praticamos algo parecido com um diálogo" escreveu uma médica inglesa em 1906, referindo-se à comunicação com seus pacientes.

Tribos de palavras

Esta dificuldade de comunicação encontra paralelo em nosso mundo moderno no qual incontáveis "tribos", cada uma com sua linguagem, convivem num mundo globalizado. Se, por um acaso, caímos numa rodinha de economistas, ou de psicólogos, ou de gente da informática, ou de

---

[19] ZELDIN, T. *Uma história íntima da humanidade*. Rio de Janeiro: Bestbolso, 2008.

A magia das palavras

qualquer outra profissão à qual não pertencemos, poderemos ver as dificuldades para conversar. Nesse caso, o problema não é, pelo menos não necessariamente, uma questão de jogo de poder: é o resultado da superespecialização das linguagens profissionais do mundo atual. Se pessoas de profissões ou de classes sociais diferentes já encontram dificuldades para ter uma linguagem comum, imagine o que acontece entre homens e mulheres comuns?

A americana Débora Tannen, após uma vida dedicada à pesquisa sociológica, concluiu "que eles não podem compreender um ao outro, que valorizam coisas muito diferentes quando falam, que as mulheres querem simpatia daqueles com quem conversam, enquanto os homens procuram soluções para problemas". Ela argumenta que as dificuldades de comunicação, neste caso, não são causadas por defeitos pessoais, mas pelo fato de homens e mulheres serem educados em culturas diferentes. Ou seja, o nó, como estamos argumentado neste livro, é inevitável, e não por uma falha pessoal e sim por uma questão estrutural. Tannen adverte para a desesperança que isto pode trazer, citando a triste estatística segundo a qual homens e mulheres americanos gastam, em média, apenas meia hora por semana conversando.

Apesar disso, existem alguns sinais de que a possibilidade de conversa entre homens e mulheres, em geral, vem aumentando. Antigamente os homens não podiam falar sobre certos assuntos com uma mulher. Existiam assuntos que não eram para mulheres. Isso mudou, as mulheres podem falar de tudo e amplia-se a possibilidade do diálogo. "No passado, as meninas confiavam apenas nas meninas, mas agora é possível fazer amizade com os meninos; sem sexo, não há diferença entre meninos e meninas, pode-se conversar com qualquer um" afirma Marina, adolescente de 16 anos.

Maria Theresa, mãe de Marina, que tem 48 anos, diz que apesar da democratização dos assuntos e da mudança da relação entre homens e mulheres, algumas coisas ainda são difíceis para uma mulher. Ela confessa que morre de inveja "dos homens que podem ficar sentados em uma mesa de bar, e não estou falando de barzinho da moda, estou falando de boteco mesmo, destes pequeninos que tem em toda rua, ou em pé no balcão tomando cerveja e jogando conversa fora".

Ela é uma mulher da geração de 1968, que acreditava na liberdade de expressão, na igualdade de direitos entre homens e mulheres, e na possibilidade de um novo amor baseado na franqueza. Hoje diz que já não tem tanta certeza sobre isto, mas ainda acredita que "a vida é melhor se você estiver com um homem com quem possa conversar".

De toda esta história, concluímos que os inimigos da conversa são a retórica excessiva, a competição, as linguagens particulares, e em especial, o desespero de não ser ouvido e de não ser compreendido. Numa linha mais otimista, Zeldin conclui seu estudo sobre a história da conversa afirmando que "para florescer a conversa precisa de parceiros dos dois sexos e que somente quando aprendem a conversar as pessoas começam a ser iguais".

Às vezes a palavra é demais

O silêncio também pode ser amoroso. Pois é, apesar de toda a argumentação em prol do uso da palavra, da conversa, como forma de desatar os nós do casamento, é preciso reconhe-

A magia das palavras

cer que, em muitos momentos, a melhor conversa é o silêncio. Há a hora de falar e há a hora de calar, já que a palavra não é panaceia, não resolve tudo, e a conversa nem sempre é necessária. Calar, como dizem os poetas, também é uma forma de falar.

O casamento, o relacionamento em si, deve muito às palavras, mas o amor mesmo, nem tanto, pois os momentos reais de amor permanecem não pronunciados. Quando você está realmente amando, esse sentimento cria a sua volta uma certa radiância que diz tudo o que você não consegue dizer, o que nunca pode ser dito. Se pudéssemos explicar tudo, a vida certamente seria chata e entediante, ainda bem que existem coisas que não podem ser traduzidas em palavras.

A frase "Freud explica", que virou um chavão, pode sugerir que a psicanálise explica tudo sobre a vida afetiva das pessoas, mas não é bem assim. Quando uma pessoa esta fazendo análise, de fato, encontra explicações para muitos de seus problemas e sentimentos, mas isto é apenas o começo do trabalho, pois chega um ponto nesta jornada de autoconhecimento, quando o sujeito depara com certas verdades de sua vida que simplesmente não podem ser explicadas — embora tenham que ser suportadas e assumidas como verdades.

Existe um grande problema sobre a verdade: ela não pode ser dita por inteiro. Mas não é porque as pessoas tenham medo das consequências; trata-se de palavras que não tocam o real de certas coisas. É preciso suportar que certas coisas são inexplicáveis, mesmo, ou em especial, no campo amoroso. Por outro lado, viver coisas inexplicáveis é um dos grandes atrativos do relacionamento amoroso. Parece até que quanto mais encantados estamos, menos temos palavras para dizer, o que não nos impede de tentar dizer uma e tantas vezes.

Conversa e sexo

No sexo muita conversa, muita verdade, muita explicação pode até atrapalhar; é que o sexo precisa de um pouco de distância, de mistério, de transgressão como caminhos do prazer. Claro que um pouco de comunicação sobre como cada um funciona no sexo é importante, mas o sexo é algo para além da comunicação, é algo do campo do gozo que muitas vezes se dá mesmo na ausência de comunicação. Se a palavra é a linguagem do relacionamento, o toque e o olhar é a linguagem dos amantes. No campo sexual as palavras não têm apenas função de comunicação, elas funcionam como excitação, como exclamação, como fantasia, como puro dizer. Tem coisas que só se diz na cama, na hora do sexo, e sob efeito do tesão, e que, por isto mesmo, não convêm incluir como tema de conversas mantidas em outros climas e outras horas.

Considerando que muitas vezes precisamos dizer coisas que não merecem ser ouvidas — porque não passam de choramingas de amor, de orgulho ferido, de dor de ego, — então melhor seria que escrevêssemos cartas ou e-mails para nunca serem enviadas. Deveria haver um deus dos correios e dos e-mails, como existem os deuses do comércio e da medicina, para nos proteger e devolver tais cartas e e-mails caso cometêssemos o desatino de enviá-las. É que tem gente que não conversa, chateia.

As queixas de amor de qualquer amante infeliz costumam ser enfadonhas, a não ser que ele seja um grande escritor, o que é raro. A maioria de nós quando escreve cartas de amor, seja de dor ou de felicidade, produz coisas muito pouco atraentes. Mas todo mundo escreve, ou escreveu

A magia das palavras

cartas de amor, e até Freud que escreveu uma obra intelectualmente monumental também "cometeu" suas cartas de amor, como este fragmento de uma carta enviada a sua noiva:

" (...)não quero porém que minhas cartas fiquem sempre sem resposta, e não te escreverei mais se você não me responder. Eternos monólogos sobre o ser amado que não são nem ratificadas nem alimentadas pelo ser amado acabam em ideias falsas sobre as relações mútuas e nos tornarão estranhos um ao outro."[20]

A conversa amorosa é uma coisa gostosa e desejada, pelo menos enquanto os dois envolvidos estão apaixonados e se gostam de uma maneira satisfatória para ambos. Mas quando o descompasso se instala no amor, seja na forma ou na quantidade, a conversa amorosa passa a ser pretendida por um, e preterida pelo outro.

O fato de o ser humano viver imerso em um oceano simbólico de palavras não significa que todas as pessoas gostem de conversar. Da mesma maneira que as pessoas têm necessidades diferentes de comida, de sono, e de sexo, também possuem "fome-de-conversa" diferentes: alguns adoram conversar, outros precisam conversar, outros suportam conversar, outros não conseguem conversar, e enquanto alguns detestam conversar, existem aqueles que se recusam a conversar.

---

[20] GAY, Peter. *Freud – Uma vida para o nosso tempo*. São Paulo: Companhia das Letras, 1988.

O nó e o laço

É assim mesmo, se as pessoas são diferentes em tantas coisas porque não seriam também na disposição para falar. A questão é que para a pessoa que quer conversar a recusa chega como indiferença ou sinal de desamor, mesmo quando não é este o caso. Eis aqui um dos grandes nós do casamento, e não é coisa simples encontrar o que fazer com esta diferença.

O caso mais evidente desse desencontro sobre a conversa acontece quando um dos parceiros resolve, por exemplo, confessar um caso de infidelidade. Geralmente para quem conta, a sensação é de alívio, de conclusão de um ciclo, de resolução do problema: pronto acabou, contou, então está tudo terminado, e geralmente não quer, e não precisa mais falar sobre isto. Mas para quem escuta é o contrário, está tudo começando, e a pessoa quer falar, e não apenas uma vez, mas muitas e muitas vezes, na tentativa de digerir o tal caso. Pronto, está dado o nó, para um a conversa é necessária, para o outro uma chatice ou um constrangimento, e este não é um nó qualquer já que se dá naquilo que supostamente deveria ajudar a desatar os nós: a conversa.

Falar dele, dela

Outra situação deste tipo ocorre quando uma relação chega ao fim. Aquele que está na posição de rejeitado geralmente sente uma imperiosa necessidade de conversar. Inicialmente quer falar com o amado na tentativa desesperada de reverter a situação, mas se isto se demonstra inviável, a pessoa quer falar para agredir, acusar e descarregar sua mágoa. Se, por qualquer razão, não é possível falar com ele, a pessoa busca amigos para falar sobre ele, falar mal

A magia das palavras

dele, ou relembrar o quanto era bom aquele amor. Como já vimos, este parece ser um princípio do funcionamento amoroso: quando não é possível falar para, falamos *de*.

E se não tem mais jeito, ainda há uma coisa a fazer: falar. E isto não acontece apenas no amor, mas na vida toda. Quando morre uma pessoa querida, não existe nada de concreto que possamos fazer, mas mesmo assim falamos, falamos para ela, em espírito, falamos dela, enfim falamos e falamos, até que lentamente vamos encontrando como lidar com a perda. Falar é fazer.

Sim, mas não gostaria de deixar aqui a ilusão de ser a palavra uma panaceia, coisa que efetivamente ela não é: tem coisas na vida que nem as palavras resolvem. O nó cego é uma delas. Certas relações amorosas são tão enroscadas, tão neuróticas, tão negativas, tão sem amor, tão infelizes, que não há palavra que dê jeito, o melhor mesmo é cortar o nó e deixar que as linhas perambulem pela vida em busca de novas linhas. Mas isto já seria outra história, outro livro.

Outras relações amorosas deixam marcas que não podem ser apagadas inteiramente, são como cicatrizes, não doem tanto mas estão ali, não temos muito o que fazer com elas, a não ser suportá-las. Mas aqui a palavra adquire um valor parcial. Palavras são coisas que nos ajudam a suportar outras coisas, outras palavras, outras marcas, outras cicatrizes.

Uma vez um paciente que era médico me disse que seu ofício lhe ensinou que as palavras, quando bem ditas podem funcionar como um ótimo cicatrizante, e explicou que não estava falando das palavras do médico e sim das palavras do próprio paciente.

Parece que a palavra é uma maneira muito potente de lidarmos com as coisas ruins da vida, a angústia, por exemplo. Angústia é aquilo que resta depois que já resolvemos tudo o que podia ser resolvido. Problemas se resolvem, mas angústia se dissolve nas palavras.

Sobre isso Freud dizia, "um leigo sem dúvidas achará difícil compreender de que forma os distúrbios patológicos do corpo e da mente podem ser eliminados por meras palavras. Ele achará que lhe estão pedindo que acredite em mágica. E não estará muito errado, pois as palavras que usamos em nossa fala diária não são senão uma mágica atenuada". Toda a obra freudiana nos ensina que devemos ajudar as pessoas a reencontrarem a magia das palavras, e este é um dos objetivos deste nosso livro sobre o casamento.

Sem palavras

Um dia, um homem de idade já bem avançada passava pela calçada de maneira muito apressada. Da janela da casa em frente uma moça o observava. De repente, ele escorregou e caiu machucando a mão. Rapidamente a moça o convidou a entrar e se ofereceu para fazer um curativo no ferimento, e enquanto limpava o machucado, ela lhe perguntou o porquê de tanta pressa.

Ele contou que estava indo ao asilo de idosos no fim da rua. Explicou que todos os dias ia até lá para ficar um pouco com sua mulher que lá morava há alguns anos, por causa da doença chamada Alzheimer que tinha acabado com a sua memória. A moça disse que então era bom que ele se apressasse, senão a esposa poderia ficar preocupada. O homem respondeu:

— Não, ela não fica me esperando, já faz dois anos que ela nem me reconhece mais, ela nem mesmo conversa comigo.

A moça lhe perguntou:

— Mas se ela não sabe quem é o senhor, então por que tanta pressa? Por que o senhor vai lá todos os dias?

O velho concluiu:

— É, ela pode não saber quem eu sou, mas eu, contudo, sei muito bem quem ela é.

RELEMBRANDO

A magia das palavras

1. Você se lembra do dia em que começou o namoro?
2. O amor é sempre a três: é o homem, a mulher e a palavra.
3. A palavra não é o luxo do ser humano, é o que o torna humano.
4. O que faz o casamento é a palavra, os corpos fazem sexo.
5. Não basta amar, é preciso falar.
6. Uma relação termina quando acabam as palavras.
7. O amor não basta para desatar os nós, é preciso a magia das palavras.
8. Problemas se resolvem, angústia se dissolve, em palavras.
9. A palavra pertence a quem escuta.
10. O silêncio também pode ser amoroso.

O inventor de palavras

Olhe aqui
eu não tenho palavras
para isto.

Mas veja bem,
se você quiser,
eu posso inventar.

Desatando os nós

"Depois de algum tempo você aprende a diferença, a sutil diferença entre dar a mão e acorrentar uma alma e você aprende que amar não significa depender, e que companhia nem sempre significa segurança, que beijos não são contratos, e presentes não são promessas, e começa a aceitar suas dificuldades amorosas com a cabeça erguida e olhar adiante com a graça de um adulto e não com a tristeza de uma criança".

Shakespeare

O tempo passou e vivemos dando nós: o que fazer?

Ao que parece, existem apenas três coisas a se fazer com os nós do casamento, evitar que eles aconteçam, desatar quando já tiverem acontecido, e, quando isto não for possível, afrouxá-los até poder atravessá-los. Evitar sempre que possível, desatar quase sempre, atravessar sempre, esta é a estratégia a que este livro propõe.

Evitar que os nós aconteçam é a tarefa básica de qualquer casal, tem a ver com aquela história de "regar a plantinha", de cuidar da relação, de ser amoroso e cuidadoso, de aceitar o outro como ele é, de ser criativo para fugir da rotina, e tudo o mais que nos ensina o bom-senso, e a vasta literatura sobre como ser feliz nos relacionamentos, atualmente disponível nas livrarias. Acontece que todas essas recomendações fazem parte daquelas ideias muito fáceis de serem ditas e extremamente difíceis de serem praticadas.

Todos recomendam que a gente seja amoroso, cuidadoso e desprendido. Muito bem, vamos ser, mas o que fazemos com nossa raiva, nossa insegurança, nossa possessividade, e tantos outros "sentimentos ruins" que convivem dentro da gente, lado a lado, com os sentimentos bons?

É neste ponto que a maioria dos livros que ensinam como ser feliz falham. Eles consideram que o ser humano é "bonzinho" por natureza, sendo que o que cada um de nós pode constatar, se conseguir ser sincero consigo mesmo, é que somos por natureza " bonzinhos" e "mauzinhos" ao mesmo tempo, e o que é mais complicado ainda: em relação à mesma pessoa. A psicanálise se refere a isto como ambivalência, que é definida como a coexistência de sentimentos contrários em relação ao mesmo objeto. O ser humano é naturalmente ambivalente em suas relações afetivas importantes, e no casamento então nem se fala.

Enquanto a representação usual concebe o amor como graciosa harmonização, para Freud o amor acontece mesmo no campo do conflito, de forma que o destino de toda relação afetiva significativa é apresentar em algum momento desencontros, encrencas, ou seja, o nó. Para ele, o nó está embutido no amor dadas as características da vida afetiva do ser humano que mencionamos acima. Por causa desta maneira de ver as coisas Freud foi tachado de pessimista, mas quando conseguimos olhar sem hipocrisias e sem ilusões para o que acontece no dia a dia dos relacionamentos afetivos, começamos a achar que Freud era mais realista do que pessimista. Mas este é um debate ainda em aberto.

O primeiro passo: reconhecer

O primeiro passo no caminho que, partindo do nó, nos reconduz ao laço, é o reconhecimento de nossa natural ambivalência. É muito melhor eu me dar conta de meus sentimentos negativos em relação à pessoa que eu amo, do que fazer de conta que eles não existem. Devemos controlar estes sentimentos, é claro, mas negar sua existência, não. O problema é que negando a existência, por exemplo, de nossa raiva ou do nosso ciúme, não estamos acabando com eles, estamos apenas os colocando longe do foco de nossa consciência, escondidos em algum canto de onde eles continuam agindo e atrapalhando a relação amorosa. Se quero lutar contra um inimigo, é melhor que o conheça bem, mesmo que o inimigo seja eu.

Reconhecer a existência de um sentimento negativo na gente não significa que devemos dizê-lo, e muito menos agir a partir dele. Nos animais, a sequência sentimento-expressão-ação é direta e reta, é automática. O cachorro sentindo-se ameaçado rosna, late e no limite morde. Gente não é assim, pelo menos não precisa ser. A consciência do homem permite que ele coloque um intervalo de reflexão entre os três momentos: sentimento... expressão... ação. Quando estamos com raiva podemos pensar se é a hora adequada para comunicar isto ao nosso parceiro. Se concluirmos que não é o momento oportuno, o melhor é ficar em silêncio, mas estamos conscientes de que estamos com raiva. Se dizemos para alguém que estamos "puto" com isto ou aquilo, vem então o segundo momento de reflexão no qual vamos avaliar se é oportuno agir, fazer algo a partir deste sentimento, como

O nó e o laço

ir embora, bater a porta, fazer algo por vingança, ou se no momento é melhor apenas expressar o sentimento sem fazer nada. Nem tudo que se sente se diz, nem tudo que se diz se faz, temos opção porque temos consciência. Às vezes não dizer ou não fazer é muito ruim, mas o pior de tudo é não ter consciência, por isto insistimos que do nó ao laço o reconhecimento dos próprios sentimentos é fundamental.

Para o casamento, só existem soluções precárias, que não resolvem totalmente a questão, do mesmo modo que é ele próprio, o casamento, uma solução precária para este conflito humano entre a solidão e o enlaçamento. Precária não deve ser entendido como "ruim", e sim como "o melhor possível". Cada um está vivendo o casamento da melhor forma que consegue, e quando tiver coragem, condições, ou seja lá o que estiver faltando, vai então fazer algo melhor, enquanto não, não. Este princípio de autoaceitação, com a calma que pode trazer, é que vai ser o início de qualquer processo de mudança. É mais fácil mudar quando aceitamos a existência de nossa realidade atual do que ficar sonhando, e nos torturando, com um ideal a ser alcançado.

Olhando para a natureza psicológica do ser humano (desejo, egoísmo, competitividade, inveja, medos, insegurança, fantasias etc), ficamos com a desconcertante impressão de que o homem e a mulher não foram feitos para se casar, mas que teimosamente insistem nisto. Lembram-se da fábula do porco-espinho que mencionamos no primeiro capítulo? Se um ser humano singular já é um enigma indecifrável, o que dizer de dois seres, um homem e uma mulher, que se ligam por enigmas ainda maiores como o amor e o sexo?

Por causa destas, e de tantas outras coisas, é muito difícil evitar que o nó aconteça, então, além de evitar, precisamos também ser eficientes nas duas outras estratégias: desatar e atravessar. Colocamos estas duas maneiras de lidar com o nó como coisas distintas apenas como recurso para pensarmos com mais clareza já que desatar e afrouxar-atravessar são momentos diferentes de um mesmo processo, estão sempre misturadas.

Como desatar os nós

Desatar o nó é qualquer coisa que o casal faça para resolver completamente uma situação; atravessar ou afrouxar o nó é qualquer coisa para superar uma situação que não pode mais ser resolvida, e o mais importante, maturidade é saber separar o que pode ser mudado daquilo que tem que ser tolerado. Uma prece atribuída a são Francisco de Assis é um belo exemplo desta maturidade ou sabedoria:

> *"Senhor, fazei com que eu tenha paciência para aceitar o que não pode ser modificado, coragem para transformar o que pode ser mudado, e acima de tudo senhor, dai-me sabedoria para diferenciar uma coisa da outra..."*

Para resolver os problemas no casamento, lutamos contra a vida e contra nosso parceiro, enquanto para superar aqueles problemas que não podem ser resolvidos temos que lutar contra nós mesmos, contra nossas fantasias, nossas idealizações. "Eu brigo muito com minha mulher, mas brigo também comigo mesmo", me disse certa vez um paciente que tentava se livrar de um ciúme doentio que ele mesmo admitia ser infundado.

Na tentativa de desatar os nós, queremos mudar as situações da vida, e, no caminho da superação, da travessia do nó, permitimos que as situações da vida nos modifiquem. Tem coisas que você muda, e tem coisas que mudam você.

Existem problemas que admitem solução, outros porém apenas superação e esquecimento. É possível se resolver questões do tipo como dividir as tarefas domésticas, como gastar o dinheiro do casal, como educar os filhos, como ser mais carinhoso, como ter mais sexo, como ficar mais tempo juntos, o que cada um pode ou não fazer em termos de amizades fora do casamento; mas como se resolvem mágoas, sentimento de desamor, palavras já ditas, e um aborto feito há 10 anos no início do relacionamento?

O casamento em si, por exemplo, admite solução, mas os sentimentos, não. Um casal que resolve se separar encontrou como solução terminar a relação, mas os sentimos não terminam junto com a relação, eles perduram por muito tempo, vão lentamente se dissolvendo no tempo e nas conversas com a pessoa ou sobre a pessoa amada. Uma situação de infidelidade também admite solução, no caso, a promessa de não mais trair, mas os sentimentos não se extinguem por causa da promessa, precisam ser elaborados, falados e pensados muitas e muitas vezes.

Quando resolvemos alguma coisa, nós a deixamos para trás, vamos em frente, mas na superação o trajeto é em espiral: de vez em quando passamos novamente pelo ponto dolorido, só que um pouco mais distanciado.

Parece que uma das maneiras que os humanos dispõem para superar certas vivências é voltar a elas, em pensamento e em falas, muitas e muitas vezes, como se estivessem tentando lixar a dor com as palavras. Deve ser por isto que algumas pessoas precisam tanto falar de problemas que já aconteceram, precisam falar, falar, até gastar .

Problemas se resolvem, e angústia se dissolve. Mas se dissolve no quê? Em muitas coisas, no álcool, no sexo, nas compras, no trabalho, na distância, no tempo, mas em especial se dissolve nas palavras. É esta a finalidade da conversa amorosa, resolver o que pode ser resolvido, e dissolver o que não admite soluções. A relação amorosa não é um problema a ser resolvido, não é uma equação para a qual você precisa encontrar a resposta certa, ela não é nem pergunta nem resposta, é só uma história a ser vivida, uma travessia a ser feita, em alguns momentos falando e, em outros, em silêncio. Dois barcos nos ajudam nessa travessia dos nós do casamento: o tempo e a palavra. Com uma boa conversa, e com um bom tempo, quase tudo se resolve, ou se dissolve.

Luta e luto

Luta é tudo aquilo que a gente faz para mudar uma situação, e luto é tudo aquilo que a gente faz para suportar uma situação que não pode mais ser modificada. Luto é uma palavra pesada, lembra morte e defunto, mas na psicanálise ela é usada em um sentido mais amplo e útil. Luto é a reação humana diante da perda de um objeto amoroso, seja uma pessoa, uma ideia, um objeto ou uma situação. Por vezes, uma pessoa acredita muito em uma coisa, tal como trabalhar e poupar dinheiro resolvem as incertezas da vida, mas aí vem algo como uma depressão econômica e, em poucos meses, arrasa o tesouro de 30 anos de trabalho. Nestas circunstâncias é natural que a pessoa fique recolhida, triste, desanimada, lamentando-se ou se revoltando durante algum tempo. Este processo de elaboração da perda é o luto, e o casamento não está livre disso, na medida em que costumeiramente somos levados a suportar perdas reais e imaginárias tais como as ilusões do amor romântico.

Na verdade, para qualquer desses dois caminhos diante do nó, desatar ou atravessar, a palavra é o instrumento mais eficiente, já que ambos têm a ver com negociação, com ouvir o que o outro quer, com dizer o que se pode ou não fazer, ou simplesmente com a necessidade de falar e ser ouvido. Mas uma conversa, para ser boa desatadora de nó, precisa mais do que de palavras, precisa de uma boa hora, de um lugar legal, de um início jeitoso, de um ritmo tranquilo, e de muitos outros pequenos detalhes que, quando negligenciados, acabam por botar a perder o mais amoroso dos diálogos.

Não existe maneira boa de se dar uma notícia má, porém, seguramente existe a maneira má. Se a mensagem já é difícil, que a mídia seja pelo menos um pouco mais palatável. O cuidado no jeito de dizer não anula a dor de quem vai ouvir, mas pelo menos não a aumenta.

Pra começo de conversa

Começar uma conversa é uma arte. Tem gente que costuma começar a conversa pelo "você": "você isto", porque "você aquilo", porque "você" me faz isto , porque "você" faz aquilo etc. Mas este nunca é um bom começo, porque quando você fala do outro é sempre uma atribuição, e como tal, pode ser equivocada, falsa, ou mesmo agressiva, e geralmente desperta resistência. Quem escuta uma frase que começa com "porque você...", geralmente se fecha, assume uma postura defensiva, e isto em nada favorece a conversa.

É bem melhor começar a conversa falando de você mesmo, usando o pronome "eu". Quando você fala de você é sempre certo, não porque seja a verdade objetiva, mas porque é uma expressão dos seus sentimentos ou dos seus pensamentos. É muito diferente dizer "eu me sinto triste" do que dizer "você me faz triste."

Vamos fazer uma pequena experiência. Aponte o dedo para alguém que esteja próximo de você e complete a frase "porque você me...". E agora, mantendo o gesto, olhe para sua mão e responda: quantos dedos você tem? quantos estão apontados para a pessoa? Um ou dois no máximo, e os outros três estão apontando para quem? Provavelmente para você mesmo: então de quem você esta falando?

É quase sempre assim, o que queremos atribuir ao outro, na verdade tem mesmo a ver com a gente, só que é muito difícil admitir. Este exercício chama-se o dedo de Buda, e foi inventado há mais de dois mil anos. Parece que em termos de relacionamento humano as coisas não mudam muito depressa.

Existe também outra vantagem em começar uma conversa falando de você mesmo; é que isso é contagiante. Quando uma pessoa fala genuinamente sobre seus sentimentos e sobre sua vida, parece que desperta no outro uma vontade de também falar de si. É como um bocejo, é contagiante.

Especialmente se você esta querendo conversar com uma pessoa que não está muito a fim, não cobre a conversa, seja contagiante. Esta linha de ação é muito produtiva no campo amoroso: o que funciona mais, cobrar um beijo ou seduzir para ganhá-lo?

Mas como nenhuma regra vale para todos, aquelas pessoas muito centradas em si mesmas, e que já falam muito de si, precisam treinar começar a conversa não falando do outro, mas perguntando como o outro se sente ou pensa e se calando para ouvir a resposta. Costuma funcionar na maioria dos casos.

Às vezes uma pessoa quer conversar, mas não quer começar a conversa, deseja que o outro tome a iniciativa, e então arruma certas estratégias como ficar emburrada, ou irritada, esperando pela clássica pergunta "o que é que você tem?", apenas para responder "nada", insistindo na estratégia de esperar do outro o início do assunto problemático. Esta estratégia não deixa de funcionar na maioria das vezes, mas já começa torta, enviesada, com jeito de briga. Talvez seja melhor assumir a necessidade de conversar e começar ela mesma o assunto, no mínimo custará menos. Se você quer conversar, comece.

Conversa com ou sem plateia?

Mais importante que o local físico é a questão da privacidade. Conversar na frente dos outros pode modificar muito a reação das pessoas. Existem coisas que suportamos ouvir a dois, mas que nos deixariam muito incomodados se outras pessoas escutassem. Então cuidado, uma conversa amorosa funciona melhor a dois, não precisa de plateia, muito menos de juízes. É que algumas pessoas buscam a opinião de um terceiro como um reforço para seus pontos de vista ou como forma de pressionar e convencer o parceiro para alguma coisa. Esta é uma estratégia perigosa; além de não trazer ganhos para o entendimento do casal, costuma ser vivenciada como chata pelos terceiros envolvidos.

"Denise sempre gostou de sair em turma, ou melhor, em grupo de casais, e nestas ocasiões frequentemente se via reclamando do Marcelo, seu marido, para os outros casais. Ela conta alguma coisa que aconteceu entre eles e logo pede a opinião dos outros; na verdade busca que os outros confirmem que Marcelo está errado, que não deveria ter agido deste ou daquele jeito. Se os ouvintes, constrangidos, tentam mudar de assunto, ela habilmente reconduz a conversa novamente para o tema e insiste: "vocês não acham que eu tenho razão?"

Este jogo chama-se "tribunal", e não é uma boa maneira de tratar dos problemas do casamento. É fácil imaginar o desconforto e a irritação do marido com a estratégia da esposa. A conversa amorosa é a dois. O ser humano é assim em geral, e não vai ser no casamento, tão repleto de fantasias e "neuras", que ele vai escapar deste "poder do outro". Deve ser por isto que os namorados, quando começam uma relação, pedem com tanta veemência: "se acontecer alguma coisa, me conte, não deixe eu saber pelos outros".

O pacto da verdade

A questão da verdade no relacionamento amoroso é uma coisa muito delicada, geralmente é um ideal a ser sofridamente perseguido, quase nunca é uma realidade do dia a dia da relação. É muito frequente que pessoas, a princípio consideradas "legais e leais", mintam em algumas circunstâncias. A mentira significa ausência de amor? Para quem foi traído, a resposta é sempre sim, mas para quem traiu, muitas vezes a resposta é não. "Quem foi que disse que amor e covardia se excluem completamente?", perguntou-me Marina, jovem de 27 anos, há cinco casada com Juliano, a quem dizia amar profundamente e de quem nunca pensou em se separar.

Esta pergunta ela fazia como uma tentativa para explicar, para ela mesma, por que havia traído o marido e não tinha coragem para contar. Ela alternava fases em que se sentia muito culpada com fases de afirmação enfática de sua liberdade: "... tem coisas que não se resolvem no casamento, eu precisava viver aquela história com aquele outro cara, mas se eu contasse pro Juliano ele com certeza ia exigir que eu parasse, ou ia querer ir embora, e eu nunca quis que ele fosse embora. Sabe, tem hora que eu penso que a verdadeira liberdade é poder mentir, acho que eu sou livre a ponto de mentira. Será que isto existe mesmo, ou eu estou só procurando me livrar da culpa?"

É preciso muita coragem para ser completamente verdadeiro, parece que isto não é para todo mundo. No começo da relação, na fase de paixão, as pessoas costumam fazer o pacto da verdade: "Se estiver acontecendo alguma coisa me conte", mas tal pacto raramente se dá conforme o prometido. Costuma ser muito difícil uma pessoa dizer para a outra que a está traindo; geralmente ela vai levando as coisas, até que um pequeno descuido, proposital ou não, permite ao outro descobrir que algo de errado está acontecendo; e se o outro tiver a coragem para perguntar, quem sabe seja a hora para dizer a verdade. Então, a verdade vem como resposta a um questionamento, quase nunca como uma declaração inicial. Não estou dizendo que tudo isso é desejável, estou dizendo que é isto que acontece com mais frequência ou não?

Um pouco mais sobre esta questão da busca da verdade: existem três tipos de buscadores da verdade, o filósofo, o religioso e o amante. O filósofo quer descobrir a verdade da vida, da natureza e do ser humano através do pensamento correto e racional. O religioso, como o filósofo, também está em busca de uma verdade geral só que através de deus, da fé, e não da razão. Já o amante é um buscador ciumento e muito atento, presta extrema atenção a todos os detalhes da mulher amada, investiga a partir de sue olhar, de seus gestos, de suas palavras e até de seu silêncio, em busca de signos da mentira e da dissimulação. No casamento, o outro é um problema muito mais complicado do que qualquer tratado científico ou dogma religioso. Decifra-me ou te devoro, é o que nos diz o nó do casamento.

Receita para fazer um homem feliz

Fazer um homem feliz é simples, fazer uma mulher feliz é uma quimera. Ensinar para uma mulher como fazer um homem feliz é muito fácil, pode ser que a mulher não queira fazer isto, porque não é justo, porque não está a fim, porque não deseja ser mãe de marido, mas é fácil saber o que um homem deseja. Bem, para fazer um homem feliz, basta que a mulher seja para ele, simultaneamente, mãe e amante, transe com ele a hora em que ele quiser e cuide dele como se ele fosse uma criança. Dê comidinha, não o perturbe com muitas exigências, saia atrás dele arrumando o que ele desarrumar, não reclame da toalha molhada em cima da cama, da tampa do vaso sanitário que ele não levanta quando vai fazer xixi, deixe-o ficar assistindo ao futebol horas seguidas, às vezes o mesmo jogo várias vezes, não fale mal da família dele, não reclame que ele sai com os amigos, e mais algumas coisas desse tipo. A maioria dos homens se sentiria bem feliz com este arranjo se ele estivesse disponível. Ah, falta apenas mais uma coisa, tem que ser mãe e amante exclusivamente para ele.

Receita para fazer uma mulher feliz

Se é possível oferecer para as mulheres uma receita de como fazer um homem feliz, para os homens, infelizmente, não temos receita alguma de como fazer a mulher feliz. Quanto ao que uma mulher pode querer, como afirma a sabedoria ancestral, jamais se está seguro, porque para ela não existe nenhuma evidência como quando se trata de saber o que um homem quer. O homem é mais constante e previsível no seu desejo, e por isso tão manipulável pelas mulheres. Já o desejo da mulher é da ordem do mistério. A mulher é de lua; e os homens se iludem, ingenuamente, achando que já conquistaram a lua.

Não é que a mulher esconda o que deseja, ou que se recuse a contar ao homem o que a faria feliz, acontece que o que ela deseja é um mistério também para ela. Uma mulher não sabe direito o que a faria feliz, até acha que sabe e vai atrás, apenas para descobrir, após ter alcançado seu objetivo, que ainda está insatisfeita, que está em busca de algo que não sabe direito o que é. É como uma saudade do que foi vivido, e do que não foi; é como a nostalgia de um tempo que nunca existiu. É esta obscura natureza do desejo feminino que move o mundo, atormenta os homens, mas não menos as próprias mulheres, e tanto faz falar a ambos.

A inexistência de uma receita para fazer a mulher feliz não é por falta de tentativas, pois os homens, por diferentes motivos, têm procurado esta fórmula ao longo da história humana sem qualquer vislumbre de sucesso. Para além do humor e do folclore que costumam caracterizar as abordagens deste tema, a psicanálise, disciplina tão ciosa de sua seriedade, que às vezes é acusada de pesada e ininteligível, também não cessa de estudar as consequências desta falta de referências para o desejo feminino. Esta história não é "uma brincadeirinha engraçada", é uma verdade da mulher, e produz efeitos em sua vida, no casamento e na própria cultura.

O certo da pessoa e o errado da situação

Em cada problema que um casal vive, existe "o errado da situação" e "o certo da pessoa". O errado é evidente, é o comportamento ou sentimento que causa o problema, todo mundo já está vendo. Já o certo é um sentimento de que a pessoa não consegue se dar conta, ou não consegue expressá-lo de forma adequada.

Felipe e Marisa estão casados há 30 anos. Ele é um homem metódico e racional, e ela uma mulher expansiva, emocional e impulsiva. Nos últimos cinco anos Marisa tem reclamado cada vez mais do marido, queixando-se de que ele nunca diz que a ama, que se preocupa mais com o trabalho do que com ela, que não conversa, que não a valoriza, e muitas outras coisas. Ultimamente, as reclamações de Marisa têm se transformado em verdadeiros ataques: ela se descontrola, chora, grita, bate no marido, sai de casa no meio da noite para ficar andando a esmo pelas ruas e, frequentemente, ameaça se matar.

O errado desta situação salta aos olhos, é o comportamento pouco carinhoso do marido e o comportamento enlouquecido da esposa. E o certo desta história onde está? Nos sentimentos. Marisa não se sente amada, isto é verdadeiro; Felipe sente que ama Marisa do seu jeito, isto é verdadeiro. Por trás de todo "comportamento errado", existe sempre, sempre mesmo, "um sentimento certo". As brigas de casal que tratam, à exaustão, dos comportamentos errados precisam se transformar em uma conversa amorosa capaz de focalizar os sentimentos certos. Reconhecer a verdade do sentimento do outro, mesmo não concordando com o comportamento que ele gera, ajuda a desarmar a discussão e abre novos espaços insuspeitos na situação. Felipe não concorda com as crises de Marisa, mas reconhece que de verdade ela não se sente amada. Marisa não concorda com a frieza de Felipe, mas reconhece que do ponto de vista dele ele a ama. Este reconhecimento mútuo da verdade do outro coloca a discussão em um outro patamar de disposição para as mudanças na relação.

Além de, eventualmente, conseguir mudar comportamentos, uma boa conversa deve servir para focalizar sentimentos que são sempre certas. O que pode ser considerado certo ou errado são as coisas que as pessoas fazem, mas o que elas sentem é sempre uma verdade para elas, e nesse sentido, estão sempre certas. Você pode pedir para uma pessoa controlar seu comportamento, mas não há como pedir para uma pessoa controlar o que ela sente. Esse negócio de reconhecer "o certo da pessoa" apesar de discordar "do errado do comportamento" faz milagre, experimente. Dizer sim para o sentimento e dizer não para o comportamento pode parecer confuso, mas funciona.

Ceder para chegar ao laço

Entre os tantos segredos para uma relação amorosa duradoura e feliz certamente há um lugar especial para o ceder. Porém o ceder, por mais necessário que seja, não é arte para qualquer um e nem para todas as horas. Quem cede amorosamente há que ser quase um sábio para fazer isso sem trair a si mesmo: "Ceder por ceder, sem alimentar competições, sem guardar rancor, sem se ver menor, discretamente, sem colocar *outdoor* avisando o outro da concessão permitida"[20]. Para ser eficaz, o ceder tem que ser gratuito, por amor, sem exigência de contrapartida que a relação amorosa; não é contabilidade, ou pelo menos não deveria ser. Talvez o leitor esteja pensando que uma pessoa que cede não está sendo autêntica.

Uma personagem do cineasta domingos Oliveira em um trecho de um de seus filmes, explica isto muito bem: "A verdadeira liberdade do homem não é seguir seus instintos, mas suas escolhas". A psicanálise concordaria inteiramente com isto. E mais um dificuldade no ceder: ele não pode ser unilateral.

Diálogo interno

A diferença entre conversa e bate-boca, como já vimos, é que na conversa a palavra vaivém, um fala e o outro escuta, depois o outro fala e um escuta; no bate-boca,

---

[20] Frase de Gustavo Castro e Silva, em seu livro *O mito do nó*.

os dois falam ao mesmo tempo e ninguém escuta nada. As conversas amorosas facilmente viram bate-boca, é normal, faz parte, é um momento de descarga emocional, mas é preciso ir além e retomar o ritmo do vaivém das palavras. Aliás, diálogo significa exatamente isso: a palavra que circula entre duas pessoas.

Existe, entretanto, um tipo de diálogo em que a palavra não circula entre as pessoas, ela só circula dentro da própria pessoa: é o dialogo interno, um dos fenômenos psicológicos que mais atrapalham uma conversa amorosa. Todo ser humano tem o hábito de conversar consigo mesmo, de travar diálogos imaginários dentro de sua cabeça, mas o problema é quando esses diálogos internos são tão intensos que impedem o diálogo externo. Quando uma pessoa esta muito possuída por suas fantasias, por seus diálogos internos, acaba não escutando o que o outro diz, e sim o que teme ou o que deseja.

Existe uma anedota que ilustra bem esta situação. Certa vez um homem viajava de carro por uma estrada com pouco movimento quando se deu conta de que um pneu havia furado. Desceu do carro e se preparava para trocar o pneu quando verificou que não havia macaco em seu carro. Passado um primeiro momento de irritação, lembrou-se de ter passado por uma casa a alguns kilometros antes. Resolveu ir caminhando até a casa e pedir um macaco emprestado. Enquanto caminhava, pensava: e se o dono da casa não quiser emprestar o macaco, afinal ele não me conhece... não, mas eu tenho uma aparência distinta, sou confiável... mas, mesmo assim, ele pode ficar desconfiado, como vai saber que eu vou devolver o macaco... Bem, eu posso oferecer um pagamento pelo empréstimo ... mas quanto será que ele vai cobrar?... quem sabe cinquenta reais;... não, cem reais já é muito; mas eu estou precisando, então... espera aí, duzentos reais já é um abuso, acho que este cara vai querer lucrar em cima da minha desgraça ... quatrocentos reais é uma exploração, mas é assim hoje em dia, ninguém confia em ninguém ... esse cara é um grosso, quinhentos reais é uma afronta, ele vai ver só...

Enquanto caminhava e pensava, o nosso homem ia ficando indignado e enfurecido, de maneira que, quando chegou à casa, bateu vigorosamente na porta, e quando o dono da casa abriu, tudo o que lhe ocorreu dizer foi: olha aqui, pegue o seu macaco e enfie naquele lugar.

É exatamente isto que acontece quando não nos damos conta dos nossos diálogos internos; confundimos o nosso imaginário com a realidade. Se a pessoa com quem você quer conversar, ou você mesmo, estiver assim, perdida nos diálogos internos, vai ser difícil sair uma conversa produtiva; e considerando que no campo amoroso o mais frequente é estarmos mesmo enredados em nossas fantasias de rejeição ou de onipotência, convém sempre prestar

Desatando os nós

atenção para perceber que o que você imagina ser um diálogo externo não seja apenas a continuação dos seus diálogos internos, ou dos diálogos internos da outra pessoa.

Conversar com alguém em diálogo interno é mais ou menos como telefonar para alguém, encontrar a linha ocupada e sair falando mesmo assim: não vai dar em nada, ou pior, vai dar em bate-boca e desentendimento. Então é interessante, antes de falar, especialmente se o assunto é importante, verificar se a linha não está ocupada, verificar se o outro está em condições de escutar. Se o outro não está escutando, do que adianta você falar? É só forma de descarga emocional, mas não forma de comunicação.

Se a outra pessoa está possuída por seus diálogos internos é melhor esperar um pouco, deixá-la falar, esperar que ela esvazie para se tornar receptiva. Paradoxalmente, se você quer dizer algo para alguém, é melhor, primeiramente, escutá-la.

Mas aí é que mora a encrenca: escutar o outro implica controlar a própria ansiedade e também disposição para rever pontos de vistas, o que não é simples. Certa vez perguntaram a uma mulher com quem ela travava suas melhores conversações e ela não teve dúvidas: "Com meu cachorro, ele me deixa falar". É fácil amar os animais de estimação, já amar o ser humano é uma das coisas mais difíceis do mundo.

Certa vez um europeu viajou até a Índia para conhecer uma Mestre Zen muito famoso. Quando finalmente chegou à casa do mestre, pediu que este o iniciasse nos mistérios da filosofia Zen. O mestre concordou em ensinar alguma coisa ao visitante, mas antes convidou-o a sentar-se e tomar com ele um xícara de xá. Enquanto o viajante o observava atentamente, o mestre, calma e silenciosamente, esquentou a água, colocou as folhas para a infusão e, quando achou que o chá estava pronto, começou a colocá-lo na xícara; e não parou quando o líquido começou a transbordar. Após alguns instantes, enquanto via o líquido escorrer pelo mesa, o viajante espantado pensou: como este homem pode saber tanto sobre os mistérios da existência se não é capaz de se dar conta de que a xícara já esta cheia. E o mestre continuou, até que não se contendo mais o viajante chamou sua atenção apontando nervosamente para a bagunça que se formava a sua frente. Então o mestre falou: é assim que está a sua mente, cheia de teorias e de expectativas sobre o zen, qualquer coisa que eu disser não vai entrar, é melhor você ir embora, e volte aqui daqui a uma semana quando sua mente estiver mais receptiva.

Como vimos, não basta amar, é preciso falar; mas falar também não basta, é preciso haver a escuta, mas também a própria escuta já não basta, é preciso conferir o significado. Você quis dizer tal coisa, mas a pessoa, a partir de seus diálogos internos, entendeu outra coisa.

Nesse sentido a palavra pertence a quem escuta, é o ouvinte que confere significado ao que escutou. Geralmente o que uma pessoa escuta é o que ela teme ou o que ela deseja, raramente escuta o que o outro falou efetivamente.

Este é um dos grandes nós, não apenas do casamento mas da comunicação humana. Talvez seja por isto que é preciso dizer tantas vezes a mesma coisa, repetir o mesmo tema por palavras diferentes, escutar a outra pessoa falar sobre o que você disse, numa tentativa de minimizar este problema do eterno mal-entendido inerente à comunicação humana.

Mais importante ainda do que perceber se o outro está em dialogo interno é cuidar dos nossos próprios diálogos internos. Nada é mais prejudicial a um casamento do que as nossas fantasias, e infelizmente nada é mais difícil de ser jogado fora do que essas mesmas fantasias.

Quando pensamos que já nos livramos delas lá vêm elas novamente com seus temas repetitivos de grandeza, fracasso, medo, traições e culpas. É por isso que no casamento nem precisamos tanto do outro para darmos os nosso nós, fazemos isso sozinhos, ou quase, já que estamos sempre acompanhados por nossos fantasmas. Há que se saber colocar um ponto de basta nesses dramas internos.

Os espanhóis possuem uma palavra bastante sugestiva para essa história do diálogo interno, é "loquella", que designa o fluxo de palavras através do qual o sujeito argumenta sem cessar em sua cabeça. Roland Barthes exemplifica:

> *"...às vezes, em decorrência de uma pequena bobagem começa na minha cabeça uma febre de linguagem, um desfile de razões, de interpelações. Na "loquella" nada impede as repetições.*

Se por acaso encontro uma frase bem-sucedida, na qual acredito ter encontrado a síntese de uma verdade, esta frase se torna fórmula que repito proporcionalmente à calma que ela me dá. É eufórico encontrar a palavra certa, e eu a mastigo novamente, me alimento dela, engulo e regurgito, engulo e desengulo, recomeço."

Agora imagine se alguém lhe diz algo enquanto você se encontra nesse estado: simplesmente você não vai escutar.

Hora certa e lugar certo

Toda hora é hora de conversar, ou existe hora certa de conversar e momentos em que a conversa deve ser evitada? É isso mesmo, nem toda hora é boa para uma conversa amorosa. Do mesmo jeito que existe carne de primeira, carne de segunda e carne de terceira, também temos o tempo de primeira, de segunda e de terceira qualidade. Tempos de primeira são aqueles momentos em que você se encontra descansado, bem disposto, sem grandes preocupações, como por exemplo, numa manhã depois de uma boa noite de sono reconfortante. Já o tempo de terceira é o contrário, você está cansado, irritado, com fome, preocupado e sem paciência.

Qual o melhor tempo para uma conversa amorosa? O tempo de primeira, evidentemente, mas acontece que no ritmo da vida moderna cada vez mais damos o nosso tempo de primeira para o trabalho e deixamos o de segunda, ou de terceira, para os assuntos familiares e amorosos.

Não é que isto esteja completamente errado, porque, afinal de contas, se você der o tempo de terceira para o trabalho, provavelmente vai ter problemas profissionais e financeiros que vão acabar abalando a vida familiar e amorosa.

É interessante notar que, na verdade, não existe esse negócio de vida profissional e vida pessoal; a vida é uma só, é por isto que precisamos encontrar um tipo de equilíbrio na administração do tempo.

Quanto mais o assunto da conversa for importante, mais ele pede um tempo de primeira. Não é inteligente querer discutir um assunto supercomplicado, que vai mexer com os ânimos, quando você ou a outra pessoa estiverem cansados; aliás, isto é pura sabotagem. É melhor adiar a conversa do que falar num momento ruim. Há horas em que a melhor conversa é o silêncio.

Essa história de adiar a conversa nos coloca uma outra questão: o que é melhor, uma conversa marcada ou aquela conversa espontânea, que rola na hora? Sem dúvida, as conversas espontâneas são muito mais produtivas, por isso, se puder, evite marcar conversas amorosas: faça-as acontecer na hora.

Imagine uma situação no trabalho: seu chefe o chama na sexta-feira à tarde e diz que vocês precisam ter uma conversa muito importante, mas, como já é tarde, ele vai deixar para segunda-feira. Pronto, estragou o fim de semana, você vai passar o tempo todo conversando com seu chefe dentro da sua cabeça, e, na segunda-feira, quando ele ameaçar começar a conversa, você já vai dar todas as suas respostas: isso já não é mais uma conversa. Quando as respostas já estão prontas antes das perguntas temos monólogos a dois, ou bate-boca, mas não conversa.

No amor também é assim, não ameace com frases do tipo "precisamos ter uma conversa séria", isso não ajuda em nada, apenas coloca a pessoa na defensiva. Simplesmente converse na hora que for possível, e se não for uma hora boa não fale nada, deixe para outra hora, mas não fique ameaçando, porque pessoas ameaçadas não conversam, defendem-se e se justificam antes mesmo de ouvirem a questão.

Uma vez conheci um casal que encontrou a seguinte solução para a conversa entre eles: estabeleceram "o dia da reclamação". Estabeleceram que um dia por mês cada um podia fazer todas as reclamações que quisesse, mas apenas neste dia, fora dele , sem chances. Não acredito que isso funcione para todo mundo, mas como funcionou para eles, é capaz de funcionar também para outros casais.

Lugar apropriado

Será que existe um local mais apropriado que outro para uma conversa amorosa? Algumas pessoas sugerem que não se conversem coisas muito sérias durante as refeições porque faria mal comer muito nervoso(a). Pode até ser, mas acontece que é bem complicado evitar, já que na nossa cultura as situações gastronômicas são um dos principais pretextos para entabularmos uma conversa.

Quando estamos interessados em alguém, uma das estratégias é convidar a pessoa para um jantar; quando queremos conversar com alguém; costumamos convidá-la para um cafezinho. Parece que, de alguma forma, sentar-se à mesma mesa convida a uma conversa.

Como encerrar o assunto?

E como termina a conversa amorosa? A conversa amorosa, como vimos, serve a vários propósitos, mas neste livro privilegiamos a função de desatadora de nós. Assim, um bom momento para encerrar é quando o problema, o nó em questão, tiver sido resolvido, e é isso mesmo o que acontece, pelo menos em alguns casos.

A conversa amorosa efetivamente é muita boa para acertar as coisas entre o casal, seja pela descarga emocional que ela provoca, diminuindo assim a tensão entre os parceiros, seja proporcionando uma solução satisfatória para os desencontros, ou, no mínimo, favorecendo acordos comportamentais que satisfaçam as necessidades dos dois parceiros.

Mas acontece que muitos problemas de uma relação amorosa não podem ser *resolvidos* no sentido exato do termo, ou seja, muitas vezes não é possível chegar-se a uma conclusão ou a uma mudança de comportamento ou de situação. Por causa disso, tem gente que acha até que nem vale a pena conversar, dizem "...não vai dar em nada mesmo... de que adianta falar, as coisas não vão mudar mesmo".

Isto é um grande equívoco porque a conversa amorosa não termina em uma solução. Ela é valiosa porque no amor não se conversa apenas para resolver problemas, conversa-se porque é preciso falar, até sobre aquilo que não pode ser resolvido, porque é preciso falar confiando que aquilo que não se resolve se dissolve.

Na prática, a conversa amorosa termina assim: vai mudando de ritmo, vai ficando mais devagar, começa a esfriar e para, pronto, acabou, na maioria das vezes sem grandes conclusões ou soluções, simplesmente terminou.

Na verdade ela não termina, ela é interrompida, para ser retomada depois, pois uma conversa amorosa é mesmo coisa de momento, ela tem ponto de partida, mas não tem ponto de chegada definido.

O que fazer quando não resta mais nada a fazer?

Se nos momentos de encrenca do relacionamento você se lembrar de alguma das ideias apresentadas neste livro, então teremos alcançado nosso objetivo.

O nó só existe porque o ser humano é um mistério, ao mesmo tempo um problema e um atrativo: dá vontade de conhecer, de se envolver. E, além disso, sem o laço e sem o nó não haveria uma única história de amor, e as histórias de amor são como as canções de amor: existem várias, muitas, e estão todas certas .

E o que fazer quando não restar mais nada a fazer? Falar...

Desatando os nós

RELEMBRANDO

Desatando os nós

1. Existem três coisas a se fazer com os nós: evitar, desatar e atravessar.
2. Luta é tudo o que fazemos para mudar uma situação.
3. Luto é tudo o que fazemos para suportar uma situação que não pode ser mudada.
4. Comece a conversa falando de você, não do outro.
5. A conversa amorosa funciona melhor a dois, não precisa de plateia.
6. Escolha uma boa hora para a conversa, mas não marque com antecedência.
7. Não confunda diálogo interno com conversa amorosa.
8. Existe o errado da situação e o certo da pessoa.
9. É possível imaginar uma receita para fazer um homem feliz, para uma mulher, nem isso.
10. A conversa amorosa não serve apenas para resolver problemas, ela cria uma ligação amorosa, experimente.
11. A conversa amorosa tem ponto de partida, mas não tem ponto de chegada definido, é um caminho de final aberto.
12. O fio que se contorce em forma de nó é o mesmo fio que tece o laço amoroso; então, mãos ao laço.

Posfácio

Sou daqueles que acham que escrever é uma coisa interessante, mas que já ter escrito é melhor ainda, é uma delícia e um alívio já ter escrito. É por causa disso que prefiro um posfácio a um prefácio.

Sempre considerei uma temeridade escrever sobre o amor, pois nesse campo se escorrega com muita facilidade para o banal e para o piegas; eu mesmo já escrevi cada bobagem que tenho até vergonha de contar; que contem meus amigos dos grupos de poesia e de teatro de que participei na adolescência. Eles sabem.

Mesmo assim não resisti à tentação, ou à pretensão, e acabei escrevendo este livro sobre questões amorosas. Tudo começou nos cursos que costumo ministrar. Geralmente são cursos sobre ansiedade, depressão, psicologia hospitalar, psicanálise, remédios psiquiátricos, e outros temas do campo da saúde mental. Sorrateiramente, o tema do amor e dos relacionamentos foi se infiltrando nas aulas, primeiramente com exemplos isolados até se transformar no próprio tema das aulas.

A partir daí fui recebendo convites para falar do tema em outros contextos, e surgiu a ideia de transformar em livro o conteúdo das aulas. E aqui está. Espero que os leitores gostem tanto quando os ouvintes.

Mencionei na introdução que este livro tinha duas fontes principais, a atividade clínica e os estudos de psicanálise, mas há uma terceira. Além dessa experiência

Posfácio

profissional, há também a minha experiência pessoal com o meu casamento, que longe de funcionar como um modelo de soluções, é muito mais um campo de vivências e de identificações dos nós.

Escrever sobre o amor me fez pensar no meu próprio casamento, foi inevitável. Na verdade, acho que é o contrário: por pensar em minha relação amorosa acabei desejando escrever sobre ela. Penso que as escolhas e interesses teóricos de todo autor têm sempre muito a ver com sua própria vida, esteja ele consciente ou não disso. O conhecimento é uma função do desejo, sempre; não existe esta coisa de conhecimento neutro. Neste sentido, escrever este livro não foi um ato impune, tive que me encontrar com meus próprios nós, o que também não deixou de ter seus ganhos.

Mas este não é um livro apenas sobre o amor, ele é também sobre a palavra, sobre minha paixão pela palavra. Você se lembra da primeira vez em que viu o mar, ou de quando aprendeu a ler? Eu mesmo só me recordo do mar, ficando as primeiras letras e palavras diluídas e aumentadas pela imaginação, guardadas em algum momento mágico de minha infância longínqua e benfazeja.

Lembro-me, com saudade, das histórias que meu pai me contava na hora de dormir, e que tanto me encantavam. A ele meu agradecimento por isso e por tantas outras coisas que não cabem nas palavras, porque há de ter sido lá, sem dúvida, o nascedouro desta paixão pelas palavras — a que me entrego já faz algum tempo.

Esta tal paixão que compartilho prazerosamente com minha mulher, me diverte e me impulsiona. Diverte nas tantas horas de conversa jogada fora, brincando com as palavras, como quando resolvemos fundar uma Sociedade de Proteção às Palavras em Extinção; e impulsiona no sentido de me levar a colocar em palavras as ideias que povoam meu trabalho clínico e minhas reflexões existenciais.

Quero agradecer aos alunos dos meus cursos que foram os primeiros a me convidar para falar do amor e que, mesmo sem saber, tanto me incentivaram a escrever este livro com suas perguntas e seus comentários.

Agradeço também aos amigos e colegas que leram os originais e que contribuíram com suas críticas e sugestões, embora evidentemente não possam ser responsabilizados por nenhuma das ideias que são expostas neste livro: Carolina Lopes, Eli Borella, Paulete Duraes , Rinaldo Gama, Ricardo Soares, e Sergio Cabral, um agradecimento especial para Márcia Lígia, por suas valiosas sugestões editoriais, inteligentes e cuidadosas ao mesmo tempo.

Dizem que só escrevemos livros sobre outros livros. É por acreditar nessa verdade que cabe também um agradecimento especial a todos os livros que li e que de uma forma que nem eu sei identificar precisamente me ajudaram a formalizar as ideias que desenvolvo no presente texto. A eles e a seus autores, minha dívida de gratidão e satisfação proporcionada pela leitura.

Bibliografia comentada

O que quer uma mulher?, de Serge André, Editora Zahar, 1998.

Neste livro, o psicanalista francês discute se a psicanálise é capaz de dar uma resposta precisa a esse enigma. Embora o título seja coloquial, o texto do livro é bastante teórico e de leitura difícil. É um livro para quem já conhece alguma coisa de psicanálise e quer aprofundar-se no tema.

Contribuições à psicologia do amor, de Sigmund Freud (Obras completas Vol. 11), Editora Imago, 1980.

Texto pouco divulgado de Freud, trata das origens psíquicas do amor neurótico, tenta explicar por que alguns homens costumam fazer escolhas amorosas complicadas, e também comenta a tendência universal à depreciação na esfera do amor. Freud, além de um grande pensador é também um grande escritor. Seu estilo é claro, e o texto é, em geral, leve e bastante compreensível. A fama de leitura pesada e chata que tem a psicanálise deve-se aos seguidores de Freud, não a ele.

O prazer de ler Freud, de Juan David Nasio, Editora Zahar, 1999.

É uma ótima introdução ao mundo da psicanálise como um todo. Nasio, psicanalista argentino radicado na França, é reconhecido pelo seu estilo didático e pela capacidade de

O nó e o laço

traduzir as questões mais obscuras da psicanálise em linguagem acessível. É um livro curto e de leitura agradável.

Você quer o que deseja, de Jorge Forbes, Editora Best Seller, 2003.
Uma coletânea de crônicas e de ensaios psicanalíticos em linguagem acessível, que explica e ilustra vários conceitos da psicanálise, em especial aqueles relacionados ao tema do desejo.

Uma história íntima da humanidade, de Theodore Zeldin, Editora Bestbolso, 2008.
Historiador social, Zeldin traça a evolução que os sentimentos íntimos e as relações pessoais sofreram ao longo dos séculos. Assim, ele faz uma pequena história da misericórdia, do ódio, da conversa, da felicidade , do desejo e muitos outros sentimentos. Cada capítulo começa com a história de uma pessoal real que vivencia o sentimento em questão. É uma leitura envolvente.

A cama na varanda, de Regina Navarro Lins, Editora Best Seller, 2005.
O livro apresenta um estudo histórico sobre o desenvolvimento do amor no ocidente, e a partir da experiência clínica de sua autora, uma psicóloga especializada em sexualidade, faz uma veemente defesa das novas formas de relacionamento amoroso que estão surgindo na atualidade, o poliamor, o casamento aberto, e o relacionamento virtual.

Fragmentos de um discurso amoroso, de Roland Barthes, Martins Editora, 2003.

Um misto de poesia e de filosofia, um clássico sobre o tema do amor. O livro apresenta em primeira pessoa o ser apaixonado falando várias "figuras" da situação amorosa. Um livro pequeno, mas uma leitura contundente; é impossível não se identificar com as situações descritas no livro. Vale a pena conferir.

A separação dos amantes, de Igor Caruso, Editora Cortez, 1989.

O livro analisa o que acontece na vida das pessoas que terminam uma relação amorosa apesar de o amor não ter acabado. É um estudo psicanalítico de leitura um tanto difícil, mas vale o esforço devido aos *insights* que proporciona; é uma verdadeira aula sobre os tormentos psicológicos de uma separação.

Homem cobra, Mulher polvo, de Içami Tiba, Editora Gente, 2004.

No campo das diferenças entre homem e mulher, este livro é um verdadeiro achado, apresenta de forma clara e bem-humorada, as situações do cotidiano amoroso nas quais as diferenças mais fazem diferença. O mais importante é a ideia de que é possível ser feliz apesar das diferenças. Muito interessante, vale a pena conferir.

Bibliografia

ANDAHAZI, Federico. *O anatomista*. Rio de Janeiro:Relume-Dumará, 1997.

ANDRÉ, Serge. *O que quer uma mulher?* Rio de Janeiro: Zahar, 1998.

BARTHES, Roland. *Fragmentos de um discurso amoroso*. São Paulo: Martins Editora, 2003.

CARUSO , Igor. *A separação dos amantes*. São Paulo, Cortez, 1985.

CREMA, Roberto. *Análise transacional centrada na pessoa e mais além*. Brasiliza Mendes, 1984.

CORDÁS, Taki. *Saúde mental das mulheres*. São Paulo: Atheneu, 2006.

FORBES, Jorge. (org). *Psicanálise: problemas ao feminino*. Campinas: Papirus, 1996.

FOUCAULT, Michel. *As palavras e as coisas*. São Paulo: Martins fontes, 1985.

FREUD, Sigmund. *Estudos sobre a histeria*. (*Obras complestas,* vol 2), Rio de Janeiro: Imago, 1980.

_____ *O tratamento psíquico* (*Obras completas*, vol 7), Rio de Janeiro: Imago, 1980.

_____ *Sobre as teorias sexuais das crianças* (*Obras completas*, vol 9), Rio de Janeiro: Imago, 1980.

_____ *Contribuições à psicologia do amor* (*Obras completas*, vol 11), Rio de Janeiro. Imago 1980.

_____ *Cinco lições de psicanálise*. (*Obras comple*tas, vol 11), Rio de Janeiro: Imago, 1980.

Bibliografia

_____ *Algumas consequências psíquicas da distinção anatômica entre os sexos*. (*Obras completas*, vol 19) Rio de Janeiro: Imago, 1980.

_____ *Sexualidade Feminina*. (*Obras completas*, vol 21), Rio de Janeiro: Imago, 1980.

GARCIA-ROZA, Luiz Alfredo. *A palavra e a verdade*. Rio de Janeiro: Zahar, 2005.

GAY, Peter. *Freud, uma vida pra o nosso tempo*. São Paulo: Companhia das Letras, 1988.

LACAN, Jacques. *Os quatro conceitos fundamentais*. Rio de Janeiro: Zahar, 1979.

LEITE, Márcio Peter de Souza. *Psicanálise lacaniana*. São Paulo: Iluminuras, 2001.

NASIO, Juan David. *Cinco lições sobre a teoria de Jacques Lacan*. Rio de Janeiro: Zahar, 1993.

NASIO, Juan David. *A histeria*. Rio de Janeiro: Zahar, 1993.

NÓBREGA, Clemente. *Em busca da empresa quântica*. Rio de Janeiro: Ediouro, 1996.

OSHO. *Mais pepitas de ouro*. São Paulo: Gente, 1995.

PEREIRA, Mario Eduardo Costa. *Psicopatologia dos ataques de pânico*. São Paulo: Escuta, 2003.

SILVA, Gustavo Castro. *O mito dos nós*. Brasília: Casa das Musas, 2006.

SCHOPENHAUER. *Aforismos para a sabedoria da vida*. São Paulo: Martins Fontes, 2002.

SIMONETTI, Alfredo. *Manual de psicologia hospitalar*. São Paulo: Casa do Psicólogo, 2004.

SHINYASHIKI, Roberto. *A carícia essencial*. São Paulo: Gente, 1984.

TRILAT, Ethiene. *História da histeria*. São Paulo: Escuta, 1991.

ZELDIN, Theodore. *Uma história íntima da humanidade*. Rio de Janeiro: Bestbolso, 2008.

CONTATOS COM O AUTOR

email: simoneti@uol.com.br

site: www.mapadamente.com.br

Tel.: (55) (11) 3064.3936

CONHEÇA AS NOSSAS MÍDIAS

www.twitter.com/integrare_edit
www.integrareeditora.com.br/blog
www.facebook.com/integrare

www.integrareeditora.com.br